방송사운드의 이해

강 세 윤 지음

보는소리

들 / 어 / 가 / 는 / 말

정답이 없는 고민... '방송과 음악 그리고 음향'

처음 FOH에서 원고를 의뢰받았을 때, 많은 고민을 했다. 먼저 어디서부터 어떤 얘기를 풀어 나가 볼까 부터 시작해서 어떻게 풀어나가야 할지 수많은 고민에 고민을 되풀이하게 되었다. '방송'이라는 테두리 안에서 펼쳐지는 갖가지 제작시스템을 생각해보면, 어쩌면 필자는 그 안에서 과거의 방송 음악감독이었던 '나'라는 존재는 방송제작의 일부 전문분야이기 때문에 방송을 만들어내기까지 기획에서 제작, 편집, 송출 등 여러 포지션에 이르는 전반적인 단계를 디테일하게 언급하는 것은 해당 업종에 몸담고 있는 현직 전문가들의 모든 프로세스를 아울러야 하는 너무도 큰 그림이 될 것이다.

하지만, 예전 시절 제작 프로듀서의 경험도 있었기에 필자의 그 시절 Tasit Knowlegde(암묵적 지식)를 끄집어내어 기획에서 Post Production까지 완료되는 공정을 회상하며 전체적인 방송의 흐름. 그 안에서도 방송음향과 음악을 알려주고자 한다. 또한 필자는 이 원고를 집필하기에 앞서 최대한 겸손한 자세를 유지하여 이제까지 몸담았던 방송제작현장에서 이루어지고 있는 방송을, 그리고 부족했던 학업에 필자가 수학해왔던 '방송과 언론'을 근간으로 내가 알고 있는 만큼의 방송이야기를 지금부터 시작해보려 한다.

책에서 주로 다루고자 하는 사항은 방송이라는 매스미디어를 이해하기 위한 매스 커뮤니케이션의 이해를 알아보면서 방송시스템의 논리적 구조와는 다른 측면의 인간 본연의 감성적 코드를 토대로 인문학적 접근을 시도해보고, 역사의 흐름 속에서 변화하고 있는 현재의 방송 제작단계의 환경을. 이 커다란 틀 안에서도 방송음악과 음향의 제작, 후반작업 단계에 이르는 실질적인 작업구조를 이해해 보기 위한 이야기로 전개되었다. 다만, 방송 제작시스템과 하드웨어에 대한 접근은 이미 많은 해당 전문가들의 연구논문과 평론, 그리고 칼럼 등 많은 정보와 자료들을 비교적 수월하게 접할 수 있으며, 또한 각 방송사마다 구축된 제작 하드웨어시스템의 스펙은 각각의 제조사별 특성과 각

방송사의 특징이 다른 만큼 하드웨어 운용이 조금씩 상이한 점이 있고, 각각의 브랜드별 고유의 특성이 있기 때문에 이 사항에 관련된 언급은 자제하고, 방송의 Post Production 단계에서 사용되는 오디오 편집툴의 운용에 대해서는 필수적인 요소이므로 언급할 예정이다. 그리고, 책에 다뤄진 내용 중에는 많은 전문가들과 학자들의 이야기를 다소간 인용한 부분도 있다. 그들의 내용을 참고문헌에 최대한 정리하였으나 미처 정리되지 못한 사항도 있음을 분명히 명시한다. 다만 이는 후학양성을 위한 교육목적을 위해 필요한 내용을 인용하였기에 부디 너그러운 마음으로 이해해 주시기를 바란다.

책의 내용이 꼭 정답은 아니다. 필드에 종사하고 있는 많은 선, 후배님들의 스타일에 따라서 다소간 상이한 점은 분명히 존재할 것이다. 다만, 이 책은 필자의 경험적 측면을 중심으로 집필한 내용이며 개인적인 욕심으로는 방송사운드 포스트의 표준화된 틀을 제시하는 데에 목적을 두고 있다. 따라서 많은 대중들을 비롯한 현업 전문가분들의 아낌없는 조언을 부탁드린다.

처음 글을 쓰면서 이제부터 걸어가야 할 대장정의 길에 대해 그저 막연함만이 가득차 있었는데, 이렇게 한 권의 책으로 나오게 될 줄은 꿈에도 생각하지 못했다. 그리고 글을 기고하는 과정에서 조금씩 책에 대한 그림이 그려지면서 희망을 알게 되었다. 이렇게 글을 쓸 수 있게끔 기회를 주신 FOH 관계자분들에게 깊은 감사의 말씀을 드린다. 아직까지도 내 자신이 무언가를 대중들에게 얘기하고 설득하기에 부족함이 많다고 생각하고 있으나, 이렇게까지 용기를 내어 책을 집필할 수 있도록 동기부여를 해주신 FOH가 없었으면 내 인생에 책이란 그저 멀게만 느껴지는 신기루에 지나지 않았을 것이다. 다시 한 번 감사의 인사를 표하며 더불어 그간의 내 인생에 있어 많은 격려와 조언을 아끼지 않았던 가족과 동료, 그리고 선, 후배님들에게도 고마움을 표한다. 그들이 내 곁에 있었기에 지금의 내가 존재하고 있음을 느끼며 살아가고 있으며 그들을 통해서 필자는 오늘도 '마음공부'에 전념하고 있다.

강 세 윤

- 한국영상대학교 음향제작과 교수
- 성균관대학교 언론정보대학원 언론학 석사
- 現 FOH 원고 기고
- 前 자현뮤직 Broadcasting Studio 대표
- 前 방송음악감독
- MBC, SBS, jtbc, Mnet, Fashion N, Channel IT 등
- 다양한 채널의 다수의 방송프로그램 음악감독

목 차

- 01 매스미디어와 소리의 세계 …………………………… 6
- 02 방송… 판도라의 상자를 열어보다 ………………… 16
- 03 미디어 산업의 블루오션, 포맷 비즈니스 ………… 27
- 04 감성과 음악 …………………………………………… 40
- 05 스토리텔링, 그것이 알고 싶다 ……………………… 48
- 06 '전문 방송인'이 되어가는 서막 ……………………… 60
- 07 미디어 플랫폼 ………………………………………… 76
- 08 방송통신 산업구조와 프로그램 제작 ……………… 90
- 09 주조정실과 부조정실 ………………………………… 103
- 10 중계차 ………………………………………………… 115
- 11 방송음악은 Re-creation …………………………… 129
- 12 오마주(Hommage) 그리고 방송음악 ……………… 143
- 13 사운드 포스트(Sound Post-Production) ………… 152
- 14 베가스(Vegas) ………………………………………… 162
- 15 베가스(Vegas) 실무 ………………………………… 172
- 16 프로툴스(Protools) …………………………………… 189

01 매스미디어와 소리의 세계

우리는 가끔 아무 소리도 없는 세상을 살아간다(?)는 상상을 해 볼 수 있다. 매우 답답한 세상이라고 어느 누구나 생각할 수 있을 것이다. 좀 더 시각을 좁혀보자. TV에 나오는 방송에 아무런 소리가 없다? 혹은 극장에서 아무 소리 없는 영화를 본다? 간혹 이런 경우가 발생된다면 시청자 또는 관객은 주최 측에 환불을 요구할 것이다. 왜냐하면 무슨 내용인지 도무지 알 수 없는 작품을 접해야 하기 때문이다.

매스미디어. 그 안에서 영상이 가지는 가장 큰 특성은 영상을 통해 메시지를 전달하는 것이다. 메시지를 전달하기 위해서는 영상언어를 통해서 전달하는 경우도 있지만, 대다수의 사례를 보면 영상은 소리(Sound)에 의지하여 메시지를 전달하는 것이 가장 일반적인 해석이다.

여기서 우리는 하나의 중요한 사실을 인식할 수 있다. 영상에서 소리는 매우 중요한 영향력을 가지고 있다는 점이다. 이렇게 중요한 부분으로 인식되는 소리에는 여러 가지 요소들로 이루어져 있는데, 즉, 음악과 효과, 현장음, 나레이션 등 세분화된 요소들이 하나로 어우러져 궁극적인 메시지를 전달하고 있는 것이 바로 소리이다. 이제부터 우리는 이러한 방송을 비롯한 여러 영상에서 펼쳐지는 소리의 세계를 알아볼 것이다.

미디어의 시대가 변화하면서 대중들의 의식도 많이 변화하는 흐름이 되어가고 있다. 이제는 '9시 뉴스'의 언론과 기사의 임팩트보다는 '남자의 자격-청춘 합창단'이라는 방송프로그램을 보면서 잔잔한 휴머니즘의 감동과 실버세대에 희망이라는 메시지를 전달해주는 역할이 사회적, 문화적 흐름에 더욱 큰 영향력을 행사하고 있다. 그 외의 여러 방송프로그램들을 통해서 사회적 이슈를 형성하고, 리더의 역할을 하는 것을 보면서 방송프로그램의 사회, 문화적인 영향력은 매우 큰 부분을 차지하는 것으로 볼 수 있다. 또한, 2009년에 상영했던 다큐멘터리 영화 '워낭소리'의 힘도 매우 좋은 예가 될 수 있다. 노인과 소의 사랑이야기를 담아내며 많은 이들에게 감동과 뜨거운 눈물을 선물 해줬던 기억이 아직도 생생한 이 작품에서 인간과 동물의 신성한 '소통'을 얘기하며 오히려 사람들 사이의 소통을 비판하고 있지는 않는가 하는 또 다른 측면의 해석을 해본다. 이러한 문화적 이데올로기의 영향을 담은 미디어의 메시지는 우리사회 전체의 커다란 운동이며 변화의 물결을 나타내고 있는 것이다.

이러한 미디어의 메시지를 내포하는 언어 중에서도 여기서 주로 언급하는 소리(Sound)는 소통의 역할에서 매우 중요한 역할을 담당하고 있다. 영화 '아바타', '트랜스포머' 등 여러 화제의 영화들 속에서도 음악이라는 요소는 그 완성도에 큰 기여를 하기도 하고, 때로는 영상에 배경으로 삽입된 음악들이 오히려 더 큰 화제를 낳는 경우도 있다. '트랜스포머'에서 로봇의 변신장면을 구현하는 효과음의 연출은 시대적 배경에서 볼 때 매우 획기적인 사운드라 할 수 있고, 이를 벤치마킹 모델로 적용하여 현재 국내의 모CF에서는 트랜스포머의 장면과 사운드를 비슷하게 모방하는 사례도 있다. MBC 예능 프로그램인 '무릎팍 도사'의 대표적인 배경음악(B.G.M.: Back Ground Music)으로 영화 '킬빌'의 OST 중 [battle without honor humanity] 이라는 음악은 이제 대중적인 인기를 얻은 곡이라고 볼 수 있다.

이렇게, 영상의 완성도를 위해서 음악과 음향, 즉 사운드는 매우 필요로 하는 부분이라 할 수 있고, 비록 앞으로 나와 있지는 않지만, 뒤에서 잘 받쳐주고 있는 요소로써 그 영향력에 대해 심층적인 분석과 연구를 토대로 좀 더 발전의 계기를 줄 수 있는 사회적인 인식을 필요로 한다.

마법의 탄환....
그리고 화성침공! 그 옛날 이야기

방송의 시초로 볼 수 있는 매체는 라디오의 역사에서 가장 유명한 방송 가운데 하나인 미국 CBS 라디오에서 1938년 10월 30일 시추에이션 드라마 '머큐리극장'에 〈화성으로부터의 침공(The invasion from Mars)〉이라는 공상과학극을 제작하였다. 8시에 방송의 시작을 알리는 시그널과 함께 공상과학극을 시작함을 고지했고, 간단한 뉴스와 일기예보가 나간 후, 12분경부터는 "거대한 운석이 뉴저지주 한 공장에 떨어졌다"는 긴급 뉴스가 전해졌다. 그리고 목격자들의 인터뷰와 화성인이 그 물체로부터 나오고 있음을 방송한다. 이 후 45분 동안 CBS는 뉴스보도의 형식으로 화성인들이 도시를 점령하고 있다는 내용을 전달했다. 미군부의 동원령과 국무회의가 소집되고, 화성인과 격전이 벌어지고 있다는 소식들과 내무부장관의 담화문까지 전달됐다. 화성인이 뉴욕으로 접근해 오고 있으며, 사상자가 속출하고 있다는 소식이 이어진다. 극적인 상황을 더하기 위해 아나운서는 침묵했고 무선기사들의 긴박한 호출소리와 대답 없는 상황이 연출됐다.

이어 5초 동안의 의도적인 침묵 후, 아나운서가 공상과학 방송극을 듣고 있다는 멘트로 라디오극을 마무리했다. 그리고 연출자가 등장해 머큐리극장의 방송 내용을 해설했고, 아나운서는 다시 이 방송극은 웰스(H. G. Wells)의 공상과학 소설인 [세계전쟁]을 각색한 〈화성으로부터의 침공〉이라는 방송극이었다고 부연 설명했다.

CBS는 이 방송을 상황극이라고 설명했지만, 설명과는 상관없이, 그 결과는 엄청난 사회적 파장을 몰고 왔다. 많은 시민들이 이 상황극 뉴스를 실제 상황으로 인식하고 공황 상태에 빠졌으며, 수많은 시민들이 산속으로 대피하는 등 이 과정에서 많은 부상자와 물질적 피해가 속출했고, 많은 대중들에게 심리적 공황을 주었다. 이후 CBS는 공개 사과했으며, 미국 연방커뮤니케이션위원회(FCC)는 방송극에서 보도형식 사용을 금지했다.

실제로 이 드라마의 방영은 다른 나라에도 적지 않은 영향을 끼쳤는데, 에콰도르에서는 분노한 시민이 방송국에 불을 질러 21명이 사망했고, 콜롬비아는 비상령이 떨어져 실제로 전투기가 출동했으며, 한국에서도 70년대에 대규모 도피사건이 발생되기도 했다.

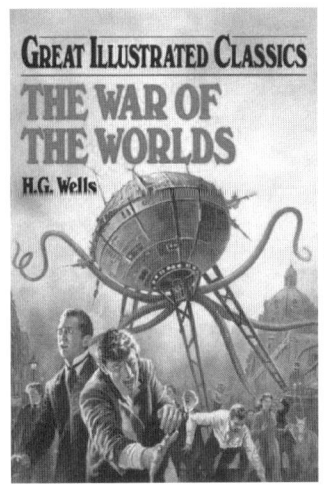 

이 방송이 야기한 패닉에 대한 당시 언론의 보도는 다소 과장되어 있지만, 그 시대에 웰스는 단번에 명성을 거머쥐었다. 이 소동은 설득력있는 거짓말을 퍼뜨리는 데 근대 커뮤니케이션이 얼마나 유용할 수 있는지를 증명한 셈이다. 이처럼 미디어의 전달은 대중(Mass)들의 즉각적인 반응이 일어나며 더 큰 범위로 볼 때 사회적 파장을 일으키는 강력한 존재로 인식되어진다. 여기서 매스미디어 커뮤니케이션의 중요한 이론이 출현하게 되는데, 매스미디어의 메시지는 목표물만을 정확하게 맞추어 쓰러뜨린다는 마법의 탄환처럼 수용자(대중)에게 직접적이고 즉각적인 반응을 일으키는 효과를 갖는다하여 '마법의 탄환' 이론이라는 중요한 매스 커뮤니케이션 이론이 등장한다.

마법의 탄환이론의 관점이 "미디어가 총알과 같이 즉각적이고 강력한 힘을 가지고 있다"에 기반하기 때문에 이와 같은 의미에서 "피하주사 이론(Hypodermic-needle effects)"이라고 명칭하기도 한다. 이는 미디어가 주사와 같이 빠르고 강력한 효과를 나타낸다는 의미에서 붙여진 이름이다.

탄환이론은 초기의 매스 커뮤니케이션 이론으로서 의의는 있지만, 오늘날에는 대중의 미디어의 습득능력이나 판단능력을 고려해 볼 때 지나치게 단순한 이론으로 간주되기도 한다. 또한 같은 의미로 볼 수 있는 피하주사이론은 주사기 속의 약물처럼 대중의 정신에 적접적으로 흡수된다고 인식하며 미디어의 폭력성에 한층 더 매칭되는 구조로 비판받게 되기도 한다.

그러나 중요한 사실은, 위의 역사적 사례에서 인지할 수 있는 것처럼 대중을 위한 매스커뮤니케이션의 중요한 역할을 하고 있는 방송미디어의 영향력은 과거에서부터 현재의 시점까지 어느 역사적 배경을 봤을 때 매우 지배적인 단계에 있음을 알고 있어야 한다는 이론적 배경을 두고 있다.

 **방송미디어와 커뮤니케이션**

21세기 멀티미디어의 세상에서는 기존의 고전적인 콘텐츠의 생산뿐만 아니라, 다양한 분야의 콘텐츠가 새롭게 탄생하고 있다.

우리가 흔히 접할 수 있는 영화, TV, Radio 등 역사 속 뿌리깊은 곳에서 탄생한 장르 외에 UCC, 인터넷방송, 뮤직비디오, 바이럴 영상 등 다양하고 기발한 아이디어를 접목한 신개념 콘텐츠의 등장이 우리에게 신선한 충격으로 다가오고 있다.

이렇게 다양한 방식으로 세상밖으로 나오고 있는 많은 장르의 콘텐츠의 주된 목적은 바로 다름아닌 '소통'이라는 것이다.

다양한 콘텐츠의 언어적 형태를 보면 텍스트 언어, 영상언어, 음성언어 이 세 가지의 방식으로 압축해서 분류할 수 있는데, 이들의 존재이유는 대인간의 커뮤니케이션. 즉, 소통이라는 것에 두고 있는 것이다. 그렇다면 멀티미디어에서 왜 소통이라는 것이 이토록 중요한 것인가에 대한 의문점을 갖게 될 것이다. 물론, 당연한 얘기일수도 있겠지만, 우리는 살아가면서 사람들과 대화하는 것이 그냥 일상생활이기 때문에 소통에 대해서 깊게 생각하거나 분석해보려 하지 않았음을 알 수 있다. 그냥 단순히 내 얘기를 남에게 하고 싶을 뿐이지 그 이상의 무엇인가에 대해서 서로 깊은 논의를 거치는 경우는 거의 드물다.

소통의 사전적 의미는 막히지 아니하고 잘 통함, 뜻이 서로 통하여 오해가 없음이라고 명시되어 있다. 즉, 대인 커뮤니케이션에 있어서 내 의사를 상대방에게 제대로 전달하여 이해하고 상호간의 피드백을 통해서 원활한 대인관계를 유지하고, 더 나아가 우리가 추구하는 목적에 도달하게끔 도와주는 역할이 소통인 것이다. 그만큼 우리 사회의 전반적인 관계성 안에서 소통이란 매우 중요하며 우리가 살아가는 현실세계에서 분리시킬 수 없는 필수요소인 것이다. 소통의 방식은 여러 가지이다. 가장 직접적이고 직관적인 방식은 역시 상호간 대화이다. 우리는 부모와 자식, 형제간, 친구, 그리고 사회 속 나와 관계된 이들과 수많은 대화를 하고 살아가고 있다. 대화를 통해서 내 의견을 남에게 전달하고 또 남의 의견을 들어주며 끊임없는 소통을 이루고 살아가고 있다.

Media. 미디어란, 흔히 정보를 다수에게 전달하고 공유하는 매체를 말한다. 위에서 언급한 대화의 방식또한 내가 말하고자 하는 정보를 상대방에게 전달하는 과정이라고 보면 된다. 그러나, 좀 더 깊히 들어가보면 여기서 말하는 정보란 직관적인 의사소통뿐만이 아닌 궁극적인 얘기를 말하는 것이다. 이 궁극적인 얘기를 바로 메시지(Message)라고 한다.

KBS의 다큐멘터리 프로그램 '인간극장'은 평범한 우리 이웃의 특별한 이야기를 담고 있다. 어찌보면 내 옆집에서 일어날 수 있는 매우 가까운 이야기를 조금 특별하게 보여주려 노력한다. 평범하지만 그리 평범하지 않은 내 이웃의 삶의 애환과 고통, 그리고 사랑을 TV화면에 담으면서 그들은 휴머니즘이라는 메시지를 매 회마다 전달하고 있는 것이다. 그리고 우리는 방송을 보면서 울기도 하고 웃기도 하며 TV 속 인물과 어느

새 모를 동일시를 느끼게 된다.

　MBC 라디오 프로그램 '배철수의 음악캠프'는 1990년대 초반에 등장하여 현재 진행 중에 있는 국내의 명실상부한 Pop전문 라디오 프로그램이다. 이 프로그램의 오프닝멘트를 귀기울여 들어보면 매 회마다 새로운 메시지를 청취자에게 제공하고 있다. 사회문제에 대한 반성과 자각, 현상에 대한 철학적 사유, 우리 내 삶에 대한 작은 지혜 등 세상살이에 유익한 정보를 제공하고 있으며, 이러한 메시지의 전달이 많은 청취자들의 삶에 적지 않은 영향력을 주고 있다. 메시지는 우리의 여러가지 사고와 이데올로기를 담고 있다. 그리고 우리의 삶에 많은 영향을 미치고 있다. 미디어는 이러한 메시지를 내러티브. 즉 서사적 구조방식을 통해서 전달하고 있다. 텍스트를 비롯한 영상, 오디오 등 다양한 소통체계는 내러티브 구조를 이용하여 우리의 사고에 메시지를 전달하고 우리의 사고에 영향을 주고 있는 것이다. 이처럼 내러티브에 의한 메시지를 전달하는 소통방식은 현재 다양한 멀티미디어의 경로를 통해서 대중들에게 전달되고 대중의식의 변화가 생기면서 커다란 문화적 현상을 움직이는 중요한 역할을 하게 된다.

　다시 앞으로 거슬러 올라가 본다. 소통의 중요성을 인식하면서 많은 이들은 멀티미디어의 어느 한 장르를 선택하게 되고 선택된 장르를 이용하여 세련되고 예술적인 표

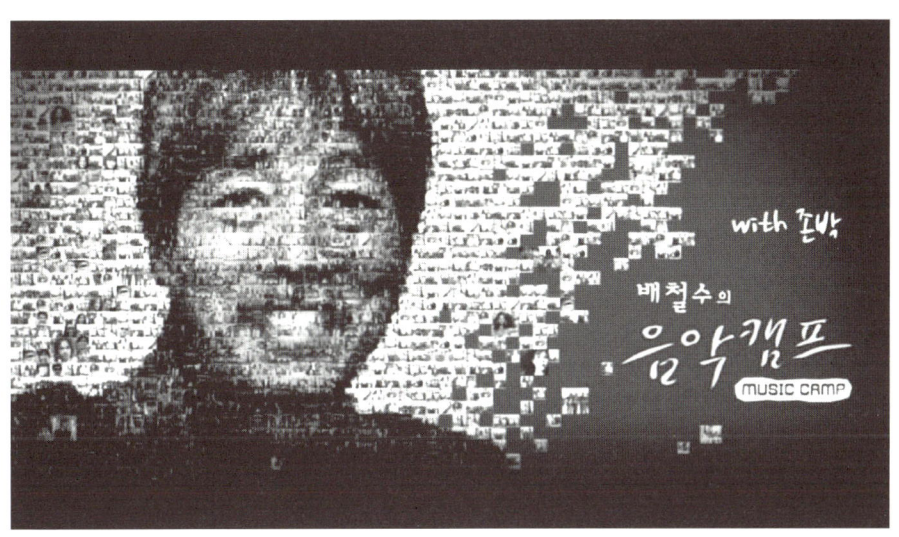

현을 거치면서 영화나 TV방송, 라디오방송, 또는 다른 장르의 아트(Art)에 접목시켜 가면서 내러티브를 완성시켜 그들이 얘기하고자 하는 메시지를 전달하고 변화시키면서 문화를 이끌어 나가고 있다.

 멀티미디어의 소통은 이제 우리가 자연스럽게 추구하는 일상의 한 부분이 되었다. 그렇기 때문에 우리는 미디어를 배우고 익히는 것이고, 미디어의 방식을 이용하여 우리의 이야기를 대중에게 말하는 것이다.

 **방송... 수학은 아니다.**

 사람들은 저마다 각기 다른 성격과 사물의 인식에 있어 좋고 나쁨이 분명히 다르다. 이를 곧 기호성이라고 명칭한다. 불특정 다수에게 좋아하는 과일을 물어보면 각양각색의 답변들이 쏟아져 나온다. 다른 측면으로 얘기해보자. 같은 불특정 다수에게 파인애플을 그려보기를 제안하면 어떤 이는 파인애플의 달콤한 속살을 그릴수도 있고, 또 어

떤 이는 뾰족한 파인애플의 잎을 그릴 수도 있을 것이다.

이와 같이 저마다의 기호성이 다른 대중들에게 방송은 자신의 선택권을 갖고 보고 듣고 싶어하는 프로그램을 찾아다니며 자기 만족을 충족해 나간다. 이러한 대중의 다양한 기호성에 접근하기 위해서 방송국은 TV, 라디오의 프로그램을 좀 더 다양하고 재미있게 제작하여 공급하는 역할을 하고 있다. 또한 방송은 시대적 흐름에 민감하게 대응하게 되며, 시대의 트렌드를 흡수하고 분석하여 하루하루가 다르게 대중의 흥미를 이끌어내는 프로그램을 제작해낸다. 이 안에는 기획자의 창의적인 아이디어와 최신 방송제작 시스템의 접목으로 독창적인 방송 프로그램을 만들어 우리의 브라운관을 채워 넣는다. 그리고 대중들은 앞서 언급한 각자의 기호성에 따라 자신이 보고 싶어 하는 프로그램을 시청하게 되는 것이다. 여기서 한 가지 질문을 해보게 된다. KBS의 "1박2일", MBC의 "무한도전", 그리고 SBS의 "런닝맨" 중에서 어느 프로그램이 가장 재미있는 프로그램이라고 할 수 있는가?

어쩌면 5살 꼬마아이에게 엄마가 좋아? 아빠가 좋아? 하고 질문하는 넌센스 수준이 아닐까.

아마도 이 질문에는 그 어떤 누구도 명확하게 정답을 내릴 수는 없을 것이다. 왜냐면 방송은 수학은 아니기 때문이다. 즉, 대중의 TV 시청취향과 궁극적인 기호성이 모두 다르기 때문이라는 간단하지만 면밀히 생각해보면 그렇게 간단하지만은 않은 방송을 이해하는 궁극의 아젠다(Agenda)라고 볼 수 있다.

다른 측면으로 해석해보자. 우리는 제품을 구매하는 등의 형태를 소비라고 한다. 방송국에서도 프로그램이라는 제품을 생산하여 대중에게 판매한다고 볼 수 있다. 그러나 대중들의 이띤 누구도 방송을 소비힌디고 히지 않는디. 방송은 보고 듣는 재미외 감동, 때로는 슬픔, 충격, 공포 등 다양한 감성적 측면을 자극하는 시대를 반영하는 헤게모니이다. 때문에 방송은 수학에서 나오는 공식처럼 명확한 답을 도출해낼 수 없고, 오히려 여러 창의적인 프로그램을 다양하게 나열하여 시청자에게 공급한다. 여기서 방송은 '편성'이라는 구체적인 계획을 세운다.

방송은 연출자(제작PD)가 프로그램을 제작한다고 해서 곧바로 정규편성 방송으로 송출되는 것은 아니다. 즉, 하나의 프로그램이 만들어지기까지 기획, 구성, 제작, 편집, 송출 이라는 단계가 필수적이며, 정규편성에 앞서 1~2편을 미리 송출하여 시청자들의 호응(시청률)을 검토하고, 분석하여 향후 고정적으로 방송할지를 결정하기 위해 만든 '파일럿'이라는 샘플 프로그램을 제작하게 된다. 이 때 시청률을 미리 예측하기 위해서 기획이라는 단계에서 프로그램의 주요 타깃(시청층)과 그들에게 어필할 수 있는 프로그램의 매력(차별화 전략)을 담는다. 여기서 분명한 것은, 좋은 방송이라는 정답은 없다는 것이다. 즉 기획과 구성, 연출, 음향, 음악, 편집 등의 정답을 구한다는 것은 지구 어디에서도 찾을 수는 없을 것이다. 다만, 보편타당성이라는 가치평가는 존재한다. 이 보편타당성은 시청률이라는 대중의 피드백(Feed-back)을 통해서 수면위로 드러나게 되고, 해당 프로그램의 평가와 해결책을 제시한다.

이러한 피드백을 통해서 방송은 새롭게 제작되어 정규편성으로 자리매김한다. 그러나 수학공식처럼 명확한 답을 내릴 수 없는 방송이지만, 방송의 질적 향상을 높이기 위해서 매 회마다 끊임없는 아이템 발굴과 기획회의를 하게 되고 제작 시스템의 문제점을 파악하여 개선하는 등의 제작과정을 수십, 수백명의 스테프들이 겪고 있다. 그래서 정답을 찾기보다는 훌륭한 방송, 의미있는 방송, 유익한 방송, 감동있는 방송 등 저마다의 감성코드와 연결되는 개성있는 방송을 제작하는 것이 정답 아닌 정답이라고 말할 수 있다. 즉, 궁극적으로 제시하는 필자의 궁극적인 정답을 "재미"라고 말한다.

01. 매스미디어와 소리의 세계

02 방송… 판도라의 상자를 열어보다.

판도라의 상자… 금단의 상자를 열어 인류에게 온갖 재앙을 안겨준 판도라. 그리고 그 상자 속에는 희망만이 남았다는 그리스 신화에서 유래된 상자이다.

그리스 신화를 좀 더 얘기해보자. 대장장이의 신 헤파이스토스는 제우스가 여자인간을 만들라는 주문에 판도라라는 여자를 만들게 된다. 이에 제우스는 판도라의 탄생을 축하하며 상자를 주었고, 판도라에게 절대로 이 상자를 열어보지 말 것을 얘기한다. 판도라는 신 프로메테우스의 동생과 혼인하고 행복하게 살았지만, 제우스가 선물해 준 상자에 대한 호기심을 버리지 못하고, 결국 상자를 열어보게 된다. 그 순간 상자안에 있던 죽음, 병마, 시기, 질투, 욕심 등 여러 재앙들이 쏟아져 나오게 되고, 그때부터 우리 인류에게는 평화로움이 사라지고 온갖 악이 존재하게 된다. 결국 그 상자 안에는 모든 악은 다 빠져나가고, 희망만이 남게 되었다는데….

그리스 신화에서 유래된 이 판도라의 상자는 죽음의 기원 신화이다. 하지만, 여기서 우리가 주목할 것은 앞서 거론한 온갖 재앙과 죽음만이 아닌 상자 안에 남아있는 희망이라는 메시지를 봐야 할 것이다. 방송은 시청률과의 전쟁이다. 방송사에서 언제나 볼 수 있는 광경은 방송 관계자들의 시청률을 운운하는 모습들이고, 사무실 한편에서는 울상을 지으며, 먼 산 바라보며 깊은 고민에 빠져있는 몇몇 제작진들을 볼 수 있다.

다른 한편으로는 어깨에 힘을 주며 복도를 자신있게 활보하는 사람들이다. 그만큼 시청자의 관심과 주목이 방송을 존재시키고 유지시켜주는 큰 버팀목인 것이다.

02. 방송… 판도라의 상자를 열어보다.

그러나 모든 방송프로그램이 시청률에 의한 평가로만 이루어지는 것은 아니다. 소위 말하는 웰메이드(Well-made) 프로그램의 경우, 시청률은 그다지 좋은 성적을 올리지는 못했으나, 소수 마니아층의 사랑에 힘입어 언론의 사랑을 받고, 작품의 완성도를 인정받는 프로그램이다. 이런 경우는 물론, 시청률의 잣대에 어느 정도 영향은 받을 수는 있겠지만, 작품성에 초점을 맞춘 경우이기에 오히려 해당 방송사의 효자 역할을 하는 경우도 있다. 이렇듯 방송이라는 테두리에서 판도라의 상자라는 표현은 양면성을 가지고 있다.

시청률의 굴레에서 바라보는 대중적인 상품성과 웰메이드(Well-made) 형식을 띄고 있는 작품의 예술성이다. 이는 어쩌면 우리 인간 본성에서 나오는 양면성과 다르지 않은 부분으로 적용되고 있다. 그렇기 때문에 방송이란 것은 인간의 감정과 논리를 자극하는 복잡한 구조로 연결된 형식의 매체인 것이다.

 배양효과이론. 판도라의 두 얼굴. 그리고 방송과 권력

배양효과이론은 매스 미디어가 수용자(시청자) 개인의 의식이나 태도의 변화를 일으키기 보다는 그 수용자(시청자)가 속해 있는 그 사회의 문화적 규범을 변화시키고 강화하여 집단적 변화를 일으키며 그 안에 있는 수용자(시청자)에게 간접적 영향을 미친다고 전제하고 있다.

미국의 커뮤니케이션 연구가인 조지 거브너 교수에 의하면 이 배양이론은 매우 광범위한 TV 효과 연구의 결과물들을 집대성한 주장으로, 다음과 같은 전제를 두고 있다.

미국의 커뮤니케이션 연구가 조지 거브너 교수

1 TV는 미국 사회의 가장 중심적인 문화 무기이다.
2 TV는 많은 시간동안 다양한 이야기를 전달하는 가족의 주요 구성원이 되었다.
3 4시간 이상 중시청자는 TV를 통해 정보, 지식, 기타 의식의 원천들을 포섭당한다.
4 동일 메시지에 대한 노출은 계발 효과를 가지거나 보편적 세계관, 보편적 가치관을 생산한다.

방송의 위력은 매시간 또는 매주 보는 드라마의 상징적 내용으로부터 나온다. 방송은 기본적으로 이야기이며, 사회의 이야기로 무엇이 존재하고, 무엇이 중요하며, 어떤 것들과의 연관성을 띄고 있는지, 옳고 그름에 대한 그림을 제공해주는 가족의 유일한 스토리텔러라는 가정에서 출발한다.

그리고 대중들은 이같은 방송의 위력에 의식의 지배를 당하고 있다는 이론이다. 이 주장의 당위적 근거는 우리의 현실 곳곳에서 어렵지 않게 관찰할 수 있다.

아침 시간. 남편의 출근과 아이들의 등교를 마친 우리 주부들의 일상은 소위 말하는 막장 드라마의 메카라고 불리는 아침 드라마로 시작된다. 불륜과 이혼, 간통, 폭력 등이 난무하는 브라운관을 쳐다보며 혹시나 우리 남편이 혹시? 우리 아이들이 혹시? 하는 의심을 생성하는 건 아마도 방송의 위력에 의식의 지배를 당하고 있는 것이 분명하다.

또 다른 예를 들어보자. 각종 영화나 드라마의 경우, 좀 더 자극적인 영상을 구현하기 위해 폭력적인 장면을 여과없이 보여줌으로써 청소년 학교폭력의 주된 요인을 만들고 있다고 해도 과언은 아닐 것이다. 그러나 막장 드라마의 연출자나 폭력 영화의 감독이 결코 사회의 분위기를 그들이 그려내는 드라마나 영화를 동경해서 제작하지는 않았을 것이다.

오히려 그렇게 하지 말라는 사회적 경고의 메시지를 전달하고자 하는 부분이 그들의 주된 의식이라고 본다. 하지만, 이러한 감독들의 기획의도와는 상관없이 수용자(시청자 또는 관객)의 관점에서 각자의 주관적으로 또는 마음대로 해석하고 반응하는 것은 마치 판도라의 상자에서 랜덤하게 쏟아져 나오는 여러 가지 선물 중에 어느 것을 선택하느냐 하는 두 얼굴과도 같은 것은 아닐까...

배양효과이론의 대표적인 사례로 한 영웅과 악당들의 치열한 싸움을 다루는 [다이하드]시리즈와 [언더씨즈]시리즈 등의 영화를 꼽을 수 있다. 우리의 두 영웅 존 멕클레인과 케이시라이백은 미디어가 낳은 시대의 영웅으로 스크린에서 악당들과의 한바탕 전쟁으로 승리를 거두게 된다. 배양효과이론은 미디어에서 폭력적인 장면이 많이 등장할수록 그 사회의 통제가 강해진다고 한다. 폭력에 노출이 많이 된 대중들은 겉으로는 폭력에 매우 무감각한 것처럼 보인다. 그래서 이로 인한 폭력사건들이 빈번하게 발생된다고 생각한다. 그러나 폭력적 미디어의 노출에 의한 폭력 사건 발생율 보다는 정부의 사회 통제와 규제가 더욱 강화되어진다.

이러한 이론적 과정을 살펴보면,

1. 폭력적 장면에서의 피해자가 자신이 될 수도 있다는 동일시 관점으로 해석되고, 이러한 관점은 미디어에 노출된 대중들이 그렇지 않은 대중들보다 훨씬 크게 적용된다. 이를 미디어에 노출된 대중들의 불안감정도로 측정할 수 있다.
2. 이런 불안감에 영화에 나오는 '존 멕클레인', '케이시라이백'와 같은 영웅들은 수많은 악당들과의 전쟁에서 대중들을 지켜내고 대중들은 이 영웅에게 정당성을 부여한다.
3. 사회의 통제가 강해져도 대중들은 그것을 당연하다고 인식한다.

영화의 내러티브와 사건의 해결을 들여다보면 위의 과정이 분명히 명백하고 타당한 논리이다. 그래서 때로는 이런 장르의 미국 영화들이 미국의 전쟁에 정당성을 부여한다고 해서 적지 않은 비판을 받기도 한다.

방송의 감성을 사운드에서 완성하다

우리 부모님 세대를 잘 기억해 보자. 가족이 모여 식사할 때나 거실에 앉아 있을 때, 늘 아버지는 뉴스를 보시고 계셨다. 봤던 기사를 다른 채널에 가서도 또 보시고, 또 보시고…. 아예 해당 기사의 전후 배경까지도 낱낱이 알아버릴 정도로 왜 그렇게 뉴스에 집착했는지 이해가 되지 않았다. 오히려 동시간대에 다른 채널에서 방송하는 드라마나 쇼 프로그램을 봤으면 하는 원망이 더 컸는지도 모른다. 그런데, 놀라운 사실은 지금 한 아이의 아빠로 있는 필자가 과거의 내 아버지의 행위를 똑같이 따라하고 있다는 것이다. 정말로 우스운 얘기일 수 있겠지만, 한 편으로는 무섭기도 하다.

그만큼 아버지의 습관을 자식이 이어받은 점도 있으나, 필자가 생각하기에 무서운 건 어느 정도 사회를 알게 되는 나이 대에 접어들면서 매스 미디어에 저절로 관심이 가게 된다는 것이다. 흔히 말하는 사회 돌아가는 소식 정도는 알아야 되지 않나 하는 얘기이며, 이것을 시사적 상식이라고 말한다.

불과 몇 년 전만 하더라도 대중들의 문화적 이데올로기에 가장 큰 영향을 주는 매스 미디어에는 뉴스의 헤드라인 기사들이 대부분이었다. 그 시대의 사건과 사고를 다루는 기사를 통해서 대중들은 그 기사에 초점을 맞추고 동일시되어 세상의 흐름을 리드하면서 직관적 이데올로기 매체로 변화되었다. 물론, 현재에도 보도채널의 기사는 변함없는 영향력을 발휘하고 있는 건 사실이다. 하지만, 매스 미디어의 시대가 변화하면서 대중들의 의식도 많이 변화하게 되는 흐름이 되어가고 있다는 점에 우리는 집중할 필요가 있다. 이제는 '9시 뉴스'의 기사보다는 '남자의 자격-청춘 합창단'이라는 방송을 보면서 잔잔한 휴머니즘의 감동과 실버세대에게 희망이라는 메시지를 전달해주는 역할이 사회적, 문화적 흐름에 더욱 큰 영향력을 행사했다. 그 외에도 여러 방송 프로그램들을 통해서 사회적 이슈를 형성해 나가고 있다. 단적인 예로 SBS '정글의 법칙'에서 나오는 리더의 역할을 보면서 방송을 통한 전달이지만 한 캐릭터(인물)의 사회, 문화적인 영향력은 매우 큰 부분을 차지하는 것으로 볼 수 있다.

2009년에 상영했던 다큐멘터리 영화 〈워낭소리〉의 영향력도 매우 좋은 예가 될 수 있다. 2014년에는 다큐영화 〈님아 그 강을 건너지 마오〉를 제작하여 잔잔한 마음을 울린 또 한 번의 따뜻한 휴머니즘을 대중들에게 각인시킨 작품이라고 할 수 있다.

　이렇게 사람의 마음을 움직인 방송과 영화에는 영상과 함께 반드시 존재하는 사운드효과가 있다. 전 세계에서 이슈가 되었던 영화 〈아바타〉, 〈트랜스포머〉 등 여러 화제의 영화들 속에서 음향과 음악이라는 사운드적 요소는 그 완성도에 큰 기여를 했다. 특히 영화 〈트랜스포머〉에서 로봇의 변신 과정에서 연출되는 사운드효과는 영상미를 극대화시키는 역할을 해냈으며, Linkin Park의 파워풀한 음악은 이 영화의 디테일한 영상미학에 시원한 울림과도 같은 인상을 주었다.

　영화 〈아바타〉의 사운드 스토리텔링은 시작부터 끝날 때까지 사운드로써 많은 부분을 의도하고 암시하고 있다는 점에서 많은 의의를 두고 있다. 이 영화에 등장하는 지구인들의 항공기의 사운드효과는 현재 항공기와 헬

기의 사운드와 거의 동일하다. 이 영화의 배경은 2154년이다. 이 때까지 헬기의 엔진이 지금과 동일하지는 않을 텐데 왜 지금의 소리와 비슷한 것일까. 어쩌면 이 사운드는 관객에게 친숙함을 주기 위한 배려의 차원이 될 수도 있지만, 좀 더 생각해보면 월남전 배경의 영화에서 나오는 헬기의 사운드와 매우 흡사함을 느낄 수 있다. 그 외에도 많은 장면들 속에서 표현되는 사운드효과는 앞서 언급한 배양효과이론의 실제 적용사례의 분석틀로서 좋은 연구 자료가 될 것이다.

어쩌면 방송은 이슈메이커이기도 하다. 특히 음악에서만큼은 그렇다. 방송에 삽입된 배경음악이 오히려 더 큰 화제를 낳은 경우가 있다. MBC '무릎팍 도사'의 대표적인 배경음악(BGM)으로 영화 '킬빌'의 OST중 "battle without honor humanity"이라는 곡은 오히려 국내에서는 영화보다 '무릎팍도사'의 상징적인 배경음악으로 많은 대중적인 인기를 얻은 곡이라고 볼 수 있다.

이렇듯, 영화와 방송이라는 영상의 완성도를 위해서 사운드는 매우 중요한 부분이라 할 수 있고, 비록 앞에서 드러내지는 않더라도, 뒤에서 잘 받쳐주는 역할을 하는 요소로서 그 대중성과 작품의 완성기여도에 대해서 좀 더 자세하게 알아볼 필요가 있다.

실제로 음악과 감정은 많은 연관성이 있다. 코넬대학교 심리학과 교수인 Carol L. Krumhansl은 음악을 듣는 동안 피험자들의 연속적인 반응을 수집하여 음악의 템포, 화음, 피치, 다이내믹의 변화에 따라 슬픔, 두려움, 행복한 감정의 반응이 나타남을 발견했다.

이러한 감정과 음악의 관계는 실제 애니메이션에서도 발견되는데, 영상의 각 장면마다 연출되는 상황과 음악적 요소의 특징이 비슷하게 연결되어진다. 슬픈 장면에서는 단조로운 리듬과 슬픈 분위기의 음색들이 매우 느린 템포의 음악으로 조용하게 삽입되어 있었으며, 두려운 장면에서는 복잡한 리듬과 불안정한 느낌을 주는 화음과 음색이 매우 큰 음량으로 삽입되어 있었다. 그리고, 행복한 장면에서는 밝은 분위기의 화음과 음색이 흥을 돋우는 리듬과 함께 비교적 빠르게 삽입되어져 있었다.

02. 방송… 판도라의 상자를 열어보다.

인간의 감정과 코드를 보여주는 방송에서 사운드의 역할은 매우 중요한 역할을 하고 있다. 이러한 점에서 방송의 영상과 사운드(음향, 음악)는 제작의 측면에서 볼 때, 가치사슬의 형식을 지니고 있음을 알 수 있다.

다소간 동떨어진 얘기일 수 있지만, 가치사슬이라는 의미는 제작뿐만 아니라 미디어 산업에서의 전반적인 틀을 만들어 나가는 경제적 개념으로 볼 수 있다. 이는 제작과정에서 유통까지 이르는 효율과 효과를 조화시키는 일이다.

미디어 산업에서의 가치사슬은 4가지 부문으로 구성되어 있다. 콘텐츠 생산, 콘텐츠 전달, 광고판매, 소비자(시청자) 반응 이며, 이는 각각의 상이한 가치사슬을 갖는다. 이 중에서도 콘텐츠 생산의 과정은 미디어 산업의 핵심이다. 즉 영화, 방송 등 다양한 콘텐츠의 제작을 통한 생산은 미디어 산업에서 매우 중요한 사안이며 양질의 콘텐츠를 확보하는 것이 주된 요점이다. 따라서 가치사슬에 대해서 좀 더 알아볼 수 필요가 있고, 더 나아가 이전까지 수입에 의존하던 국내 방송의 포맷 비즈니스가 향 후 주된 국내 미디어 산업에 중요한 역할을 할 것으로 예상된다.

감정과 음악적 요소(KRUMHANSL, 1997)

	템포	화음	리듬	피치	다이내믹
슬픔	느림	단화음	매우일정	매우일정	매우일정
두려움	빠름	불협화음	변화가 큼	변화가 큼	변화가 큼
행복	비교적 빠름	장화음	춤추는 듯한	비교적 일정	비교적 일정

미디어 산업의 블루오션, 포맷 비즈니스

오늘은 방송과 음악 그리고 음향에 관한 이야기보다는 좀 더 넓은 굴레에서 바라보는 방송 관련 이야기를 해보고자 한다. 어찌 보면 첫 번째 이야기에 대두되어야 할 사안이고 현 방송시장의 흐름으로 볼 때 중요한 블루오션이라고 판단되어 잠시 음악과 음향을 접고 지금부터 본 이야기를 시작한다.

 미디어 가치사슬

가치사슬이란, 기업이 자신의 제품이나 서비스를 생산해내기 위한 원료, 노동력, 자본력 등의 자원을 결합하는 일종의 프로세싱이다. 이러한 프로세싱에 의한 가치사슬의 분석은 최종적으로 나오는 제품이나 서비스에 부여되는 각각의 자원을 분석하는 가치의 관점을 말한다. 그렇기 때문에 각각 자원의 개별적인 활동은 상호간 경쟁체제를 유지하며 시너지 효과를 발휘하게 된다. 이러한 가치사슬은 기업경영에 중요한 역할을 하고 있으며, 새로운 가치사슬을 부가하기 위한 의사결정에서 유용한 분석의 틀로 해

석되고 있다. 그러나 미디어 산업의 경우 인터넷의 등장과 매체 간 융합 현상으로 인해 가치사슬의 구조가 해체되거나 변형되고 있는 실정이다.

미디어 산업은 4가지의 가치사슬로 구성되어 있다. 콘텐츠의 제작(생산), 콘텐츠의 전송(전달), 광고판매, 수용자의 피드백(반응) 등이며, 이 4가지 일련의 과정들은 각 콘텐츠 제작사(방송, 언론, 영화사 등)들이 그들만의 오랜 노하우를 근본으로 미디어 시장에서 시행된 관행으로 여겨진다.

그러나 이러한 미디어 산업의 전통적인 가치사슬 구조도 디지털방식으로 전환되면서 초기의 디지털 전환비용이 많이 투입되는 것은 사실이지만, 전통적인 가치사슬 방식에 비해 상대적으로 높은 부가가치의 생산성을 올려주며, 디지털 방식이 갖는 품질 향상으로 경쟁력 있는 콘텐츠의 판매가 이루어져 부가가치의 증가로 이어지고 있다.

미디어란, 인간의 정보를 시청각화, 종합화, 상호 작용성 등으로 설명될 수 있는 대중매체의 패러다임이라고 볼 수 있다. 이는 내가 말하고자 하는 메시지를 상대방에게 전달하기 위해 사용되는 도구 또는 수단이며, 이러한 행위를 '콘텐츠'라는 운반체계를 이용해서 상호간 소통할 수 있도록 정보를 제공하는 장치이다. 미디어 테크놀로지의 지속적인 발전으로 현재 우리는 매우 다양한 미디어를 접하고 있으며, 이를 통해 온·오프라인 공간에서 수없이 많은 이야기들이 쏟아져 나오고 있다. 이러한 미디어의 대표적인 플랫폼으로 인터넷을 말할 수 있다.

인터넷은 이른바 매스미디어의 핵심이며, 방송과 통신의 융합(Convergence)으로써, 대중들의 미디어 패러다임을 바꾸게 만든 장본인이다.

요즘 흔히 얘기하는 '온라인 공간' 또는 '사이버 공간'이라고 하는 이 가상공간을 얘기해보자. 우리나라 사람들이 말하는 부의 상징은 여러 가지로 표현될 수 있다. 그 중에서 우리가 살고 있는 집의 면적은 가장 밀접한 부의 측정치라고 봐도 무방하겠다. '몇 평에서 산다'라는 표현을 듣고 그 집을 방문해 보면 평수와 우리가 보는 면적의 측정이 잘 매칭되지 않는 경우가 있다. 같은 30평대의 아파트인데, 어떤 아파트는 좁아 보이고, 다른 어떤 아파트는 매우 넓어 보인다. 이처럼 같은 면적의 공간도 다르게 인식하는, 이것을 우리는 가상의 공간이라고 부른다. 이 가상공간은 우리가 인지하는 환경이나 상황에 따라서 매우 다르게 변화되고 상이하게 분석된다. 다시 원점으로 돌아가, 우리가 숨 쉬고 함께 어우러져 가는 현실 공간 외에 인터넷을 통해서 만나게 되는 가상공간 또는 사이버공간이 존재한다. 우리는 이 공간 안에서 또 다른 나를, 또 다른 친구들을 만나게 된다. 이제껏 한 번도 보지 못한 친구들과 수다를 떨고, 서로의 속마음을 터놓기도 하며, 때로는 누군가를 비방하기도 한다. 그리고 그러한 행위들을 통해서 우리는 웃고 울기를 수없이 반복하게 된다.

중요한 것은 우리들의 이러한 행위 자체가 현 시점에서는 온라인 미디어라는 울타리 안에서 행해지고 있는 것이다. 온라인 미디어란, 전자적인 신호체계에 의한 상호 정보 및 커뮤니케이션의 흐름이며 인터랙티브(Interactive)성 기능을 갖추고 있는 것이다. 이 기능을 탑재한 미디어 도구로는 PC인터넷과 스마트폰이 있다. 초기의 인터넷은 PC통신을 근간으로 상호 문자체계의 전달에 국한되었으나, 이제는 매스미디어의 환경을 갖추면서 최근에는 웹(Web)과 어플리케이션(Application)이라는 방식으로 좀 더 다양한 언어로의 소통을 추구하고 있다. 이 매스미디어의 발전으로 이제는 누구나 PC, 스마트폰으로 영화, 방송 등 다양한 미디어 매체를 접하고 있으며, SNS와 같은 좀 더 진보된 커뮤니케이션의 툴을 확장하고 있다. 즉, 20여 년 전만 해도 상상하기 힘들었던 '내 손안의 컴퓨터'를 우리는 지금 어느 누구나 마음대로 사용하고 있는 것이다. 하지만, 이렇게 우리 생활에 편리해진 기능을 개발해내고 그에 적합한 환경으로 제작되는 미디어 콘텐츠들이 우리의 매우 가까운 곳에 자리 잡고 있다는 것은 어떻게 보면 양날의 검과 같은 무서운 무기와도 같음을 느낄 수 있다. 오프라인에서 발생한 사건, 사고를 사이버 공간에서는 다수의 유저들이 이른바 댓글이란 형식으로 비판과 지적이 서로 오가면서 흔히 말하는 설전의 장을 만들기도 한다.

이 설전으로 사건의 당사자가 순식간에 비도덕적인 인물로 사회에 낙인찍히는 사례들도 종종 일어난다. 심한 경우에는 비판의 당사자가 자살까지 가는 사례들도 어렵지 않게 찾을 수 있다. 이러한 사례들을 볼 때, 미디어란 대중속에서 보이지 않는 매우 강력한 권력을 개개인에게 주고 있는지도 모른다. 그리고 우리는 이 권력을 별다른 규제 없이 마음껏 행사하며 다른 누군가에게 폭력을 행사하고 있다. 이러한 행위들로 하여금 우리는 사회적, 도덕적 그리고 인문학적인 측면에서 미디어 가치사슬의 해체를 경험하고 있는 것이다.

미디어의 가치사슬은 이렇듯 온라인 미디어라는 기술 발전 또는 융합(Convergence)이라는 새로운 매체의 등장으로 본연의 가치사슬을 해체하고 있다. 이전의 가치사슬은 그 사슬 내의 모든 기능을 하나로 묶어 각 단계에서 나타나는 강점을 서로 공유하고 믹스(Mix)하는 과정이고, 이를 통한 하나의 완성품을 제작하는 것이다. 그렇기 때문에 각 단계의 기능들이 어느 하나 경쟁우위에 놓여 있는지가 중요하지 않다. 반대로 해석하면 각 단계의 기능들은 각기 중요한 가치를 부여받고 조직 내에 필요한 활동을 유지해 나가는 것이다.

그러나 앞서 언급했듯이 디지털화에 따른 인터넷를 기반으로 한 매스미디어 산업은 구조적, 기능적 측면에서 가치사슬의 해체 즉, 전통적인 산업구조의 와해 및 재구성이라는 논제를 끄집어낸다. 보통 매스미디어의 전통적인 산업구조는 콘텐츠의 기획, 제작, 유통, 수용자의 조직화 등으로 구성된 하나의 시퀀스(Sequence)라고 볼 수 있다. 그러나 기술의 발전과 유통 수단, 수신방식이 변화를 가져오면서 치밀하게 짜여 있던 가치사슬로부터 특정 단계를 분리해서 독립하는 것이 가능해졌다. 이는 미디어의 높은 진입 장벽을 낮춤으로써 특정 가치사슬 단계에만 주력하는 새로운 방식의 사업모델이 생겨나게 되었다. MTV가 이러한 사업모델의 대표적인 예로 들 수 있다. MTV는 기존의 가치사슬에 새로운 단계를 추가함으로써 시작된 사업모델이며, 새로운 단계란 종합판매 또는 외부콘텐츠(뮤직 비디오) 구매 및 묶음 판매 방식의 도입이다. 기존의 사업자들은 이러한 해체를 통해 기존의 수직 통합된 가치사슬을 독자적인 개별 경쟁력을 갖춘 회사로 분리하게 된다. 그러나 이 경우 가치사슬 전체의 가치를 합치려고 할 때 어느 특정 단계가 경쟁력이 낮으면 아웃소싱을 해야 하는 문제점을 야기시킨다. 이는 결국 기업의 전략적 관점의 변화를 요구한다. 즉, 이제는 아웃소싱 업체와의 유대관계를 지속해야 한다는 의미이다.

가치사슬의 해체에 있어 또 다른 의미는 분화(fragmen-tation)를 둘 수 있다. 이는 가치사슬의 확장을 초래해 오히려 여러 단계로의 확장으로 해석될 수 있다. 기존의 신문사를 볼 때 그들은 가치사슬을 분화시킴으로써 그들의 콘텐츠를 신문, 온라인, 모바일 그리고 팟캐스트 포맷으로 유통하고 있음을 확인할 수 있다. 또한 방송사는 방송망에서만 시청이 가능하던 시절과는 다르게 인터넷 전송과 비디오 형식의 판매, 모바일 전송 등 다양한 형태로의 분화를 추구하고 있다. 이렇게 다양한 방식으로의 전송 및 판매를 위해 방송사는 기존의 방식과 더불어 여러 플랫폼을 활용한 전송방식의 다양화를 채택하게 되고, 그들이 가지고 있는 프로그램 제작의 포맷에 있어서도 다양성과 필요성을 인지하게 된다. 그래서 세계의 많은 방송제작 산업은 자신만의 독특한 아이디어를 토대로 기획, 제작된 방송의 포맷을 시장에 내놓고 판매하게 되며, 이러한 사업모델을 포맷 비즈니스라고 한다.

　엔데몰(Endemol)은 새로운 형태의 미디어 기업으로서 세계 여러 국가를 대상으로 방송 프로그램의 포맷(format)을 공급, 판매하는 기업이다. 이는 기존 방송사가 갈증을 느끼는 킬러 콘텐츠의 부재와 필요로 하는 프로그램 포맷의 요구가 증가하는데 따른 외주 제작업체의 흐름속에서 생겨난 기업으로 방송 가치사슬 분화의 결과라고 해석된다. 엔데몰은 [빅브라더(Big Brother)] 등과 같은 성공적인 방송 프로그램 포맷을 기획, 제작하였고, 현재 포맷 비즈니스 시장 분야에서 세계 최대의 기업이라고 봐도 무방하다. 특히 엔데몰은 미디어 가치사슬 중에서도 콘텐츠 부문의 전문영역[리얼리티 드라마, 게임, 데이트, 인포테인먼트(infotainment)] 프로그램 포맷에 중점을 두고 강화시켜 세계시장의 개척을 이뤄낸 포맷 비즈니스 전문 기업이다.

 **포맷 비즈니스**

　포맷(Format)이란 무엇인가? 방송 프로그램에서 있어 하나의 건축과도 같다. 우리는 일반적으로 멋진 건축물을 제작할 때 되도록 짧은 기간 안에 제대로 완성하기 위한 아이디어를 생각한다. 어떤 디자인의 건축물을 만들까, 어떻게 만들면 실용적인 공간으로 탄생시킬 수 있을까 등의 많은 고민을 하면서 건축물의 기획과 디자인은 시작된다. 그리고 기초공사가 시작되면서 안전성을 확인하고 층수가 올라가면서 안전과 예술성을 겸비한 이상적인 건축물을 완성한다. 이러한 일련의 과정을 건축가는 자신만의 건축 프로세스를 기록하며 하나의 건축비법을 남기게 된다.

　방송 프로그램으로 돌아가 보자. 이는 위에서 말한 건축의 과정과 다르지 않다. 그리고 이러한 과정을 나타낼 수 있는 오리지널 아이디어가 세계 시장에서 판매가 적용되도록 구현해내는 것이 포맷 비즈니스이다. 물론, 프로그램의 포맷이 다른 나라로 수출되어도 동일한 내용과 동일한 환경에서 제작되어 지지는 않는다. 각 나라마다의 문화와 환경이 다른 만큼 적절한 변형을 주게 된다. 다만, 그 포맷이 가지고 있는 고유한 기획과 구성내용은 동일하게 적용되어 제작된다. 포맷은 영화에서 말하는 '장르(Genre)'와는 상이한 의미를 갖는다. 동일한 규칙 안에서 제작되는 점은 유사한 측면을 갖는다. 하지만 '장르'라는 의미가 제작자와 관객이 동일선상에서 떠오르는 작품의 추상적 개념의 틀이 강하다면, 포맷은 기업과 기업 산의 경제석인 논리에 의한 구매방식이기 때문에 경제적인 시스템의 일부분이라는 점에서 큰 차이를 두고 있다.

　방송의 포맷 비즈니스를 좀 더 구체적인 측면에서 해석해 보면 각 프로그램이 갖고 있는 에피소드도 있지만, 그 외에도 외관적인 요소에서도 비즈니스는 이루어지고 있다. 프로그램의 포고, 배경음악, 무대 디자인과 그래픽 디자인 요소 등 다양한 외관들도 포맷 비즈니스의 한 부분을 차지하고 있다. 이는 그 포맷이 추구하고 있는 프로그램의 스타일을 넘어선 하나의 '브랜드'로서의 가치를 입증하기 위해서라도 매우 중요한 부분이다.

 **포맷 비즈니스 시장의 규모**

　유럽의 포맷인증 및 보호협회(이하 FRAPA)는 지난 2009년, 포맷산업의 중요성에 주목하면서 전 세계 포맷 유통에 대한 거대한 보고서를 발표했다. FRAPA에서는 이미 2005년 1차 보고서를 발간했으며, 2004년을 기준으로 전 세계의 포맷 비즈니스 시장규모를 24억 유로(약 3조 4000억 원 : 1유로=1422원 기준)(Schmitt, 2005) 정도로 발표했다. 이후 포맷 비즈니스 산업은 매우 빠르게 성장했고, 전 세계 방송시장에서는 거

의 동일한 포맷의 자국 버전인 오디션 프로그램과 리얼리티 프로그램들이 많은 인기를 누리고 있다.

한국의 포맷 비즈니스 시장도 예외는 아니다. 2009년 자료에 따르면, 세계 포맷시장 규모는 약 13조 4000억 원(약 94억 유로 2006~2009년, 2004~2006년 대비 45.2% 증가) 정도라고 한다(FRAPA, 2009). 이는 여전히 전 세계 방송시장 프로그램의 매출 규모로 보면 그리 크지 않은 수치일 수 있다. 그러나 한국의 2010년 모든 방송 프로그램의 해외 전체 수출액이 약 2억 달러(약 2400억 원)(KOCCA, 2011) 정도였던 것을 감안하면 상당히 큰 수치라고 볼 수 있다.

현재 전 세계적으로 유통되고 있는 주요 방송 포맷은 약 445개 정도이며, 이 중에서 퀴즈를 포함한 게임쇼 포맷의 인기가 가장 높은 것으로 알려졌다. 그리고 오디션 포맷과 리얼리티 포맷, 스크립트 포맷의 순으로 시장을 점유하고 있는 것으로 집계된다.

글로벌 포맷 비즈니스 산업의 중심에는 영국이라는 국가가 있다. 그러나 [빅브라더(Big Brother)]를 개발한 네덜란드의 '엔데몰(Endemol)'이라는 기업과 같은 북유럽, 미국 등의 여러 기업들이 도전장을 내밀고 있으며, 현재 엔데몰은 세계 최대 기업으로 손꼽히고 있다.

영국은 왜 포맷 비즈니스 산업의 중심에 있는 것일까? 전문가들의 의견을 종합해 보면 영국 방송시장의 특수성에서 해답을 찾을 수 있다. 시청자의 수신료로 운영되는 BBC와 국영방송인 채널4 등은 일시적인 시청률보다는 프로그램의 작품 우수성을 실현하기 위한 높은 제작비 지원이 가능한 구조이다. 그 외에도 제작자의 저작권 보호를 위한 법제로 인해 독립제작사들에게 많은 인센티브를 주며 제작환경의 질을 높여 주고 있다.

최근의 경제 불황으로 영국 전체 프로그램의 제작이 줄어든 이유로 자국 매출은 감소했으나, 해외로의 성공적인 포맷 비즈니스를 통해서 오히려 해외 매출이 전체 매출의 70~80%정도에 이르는 저력을 발휘한다.

이는 프로그램의 저작권에서 발생되는 이윤으로 집계된다.

이렇게 어려운 여건에서도 양질의 좋은 콘텐츠를 포맷화하여 세계 시장으로 유통시켜 많은 매출을 일으키는 것이 영국 포맷 비즈니스 산업의 저력이라고 볼 수 있다.

 **엔데몰 포맷 창작팀의 운영과 포맷의 제작과정**

'포맷 비즈니스'는 현재 세계 방송업계에서 가장 뜨거운 화두가 되고 있는 블루오션이다. 이러한 포맷 비즈니스에 있어 세계 최대의 기업으로 성장한 엔데몰(Endemol) 포맷 창작 팀의 운영, 포맷 제작 과정을 언젠가 인터넷에 올라온 글을 보며 필자도 많은 공감과 반성을 하게 되었다. 그래서 이들의 크리에이티브 프로세스를 잠시 들여다볼까 한다.

1. Creative Process

　엔데몰에는 전 세계적으로 400여명의 크리에이터(Creater)들이 수시로 창의적인 아이디어 개발업무를 진행하고 있다. 각 나라와 지역에 분산되어 작업을 하며 매년 2회의 정기적인 미팅을 하고, 수시로 소규모의 팀 미팅을 가지면서 아이디어 창작 업무를 수행한다.

포맷 개발의 창의적인 키포인트

1) 남들보다 한 발 앞서 생각한다.
2) 용기를 가져라 : 좋은 아이디어라도 처음 방송을 현실화하기까지는 큰 고통과 저항이 따른다.
3) 실수를 두려워하지 마라 : 모든 아이디어는 성공할 수 있는 Potential(가능성, 잠재력)을 가지고 있다. 그 아이디어를 현실화 시키는 작업이 중요하다. 남과 다르게 사물을 보는 창의적인 아이디어를 당신이 가지고 있다는 확신을 가질 필요가 있으며 창의적인 아이디어에는 늘 비판이 따르기 마련이다.
4) 충분한 투자가 필요하다 : 돈 투자를 두려워하면 좋은 아이디어와 작품이 나오기 어렵다.
5) 파일럿 : 아주 싸게 만들어보는 과정이 필요하다.
6) 모니터(피드백) : 포맷 창작자에겐 압박, 스트레스, 데드라인, 피드백, 비평, 강도 높은 노동이 뒤따른다. 포맷 창작자는 유니크한 예술가와 같다.
7) 보상
① 창의적인 과정에 종사하는 사람에게 그에 적절한 보상이 따른다는 확신을 심어줘야 한다. 로컬 아이디어인 경우 주인은 로컬이지만 엔데몰은 배급자이며 개발자이다.
② 영국의 경우 1년에 한두 번 젊은 사람을 뽑아서 아이디어를 경쟁시키고 그 중 한두 명 trainee를 뽑는다.

▶ **창의적인 아이디어 개발과정**

1단계 _ 2주 정도 훈련을 받으면서 목적없이 브레인스토밍을 하다 한 가지 단어가 나오면 1주일 뒤 더 발전 형태로 진행시킨다.
2단계 _ 초창기 40개의 아이디어를 30개, 20개로 줄여 최종 10개 아이디어로 줄인다.
3단계 _ 줄어든 10개의 아이디어를 현지 매니저에게 전달하여 의견수렴.
4단계 _ 의견 수렴된 아이디어 최종 정리
5단계 _ 실행해 볼 수 있는 파일럿 완성

2. 포맷의 변형

오리지널 포맷의 근간을 허물지 않는 선에서 다양하게 변형시켜서 현지화 시킨다. 현지화 과정에서 변형된 사례는 다음과 같다.

1) 미션의 변형
   예) 비밀 수업 업무의 미션

2) 특별 의상 제공(페미니스트)

3) 캐스팅의 다양성
   예) 커플을 투입(아버지와 아들, 이성 커플, 가난한 자와 부자 그러나 다른 사람 모르게 투입한다.)

3. 포맷팅 과정과 현지화

아이디어가 포맷화 되어가는 과정과 현지화 할 때의 제반 요소들을 Big Brother의 사례를 통해 살펴보고자 한다.

1단계 - 포맷의 처음 시작은 한명의 아이디어에서 시작

- 한명의 아이디어 : 우리가 어떤 사람을 외부와 격리시키는 프로그램을 만들자.
- 동료

① '얼마동안 어떻게 격리할 것인가?'에 대한 토론으로부터 시작

② 15명 정도가 함께 이야기하면서 아이디어를 개발

2단계 - 격리의 정의

격리라는 것의 의미가 무엇이며 구체적으로는 어떻게 할 것인가에 대한 표현의 문제에 대하여 구체적인 논의를 한다.

① 몇 명을 가지고 할 것인가?

② 외부와 격리할 때 격리의 구체적인 의미가 무엇인가?

(예 얼마동안, 완전 또는 일부 격리)

3단계 - Case 인큐베이팅

격리에 대한 구체적인 컨셉이 잡히면 무주제로 카메라를 놓고 간단한 관찰 실험을 한다.

- 가능한 몇 사람을 선정하여 24시간 동안 격리… 심리적, 생리적 상태와 결과를 도출한다.

4단계 - 시청자 또는 외부의 반응과 Feedback을 얻는다.

5단계 - 포맷의 기본 원칙을 만든다.

- 빅 브라더의 경우 5개의 원칙적 요소

6단계 - 현지화 과정

예 한국의 현지화 : 한국인을 격리시켜서 아무런 주제를 주지 않고 관찰할 경우의 한국인 시청자의 반응은?

① 한국 시청자의 반응

② 시청자의 관심과 빅브라더의 현지화 성공여부

③ 문제점 도출

4. 포맷팅 과정에서의 유념해야 할 이슈와 Question

1) 창조 과정에서 - 생소한 것에 대한 부정, 긍정적 판단을 중지하고 시장의 반응에 주목한다. 특히 아이디어의 긍정적 요소가 무엇인가를 찾아내는 창조적 입장에

서 출발한다.

2) 시장에서 수용할 수 있는 한계가 어디인가를 염두에 둔다. 한계를 좀 더 넓힐 때 새로운 이슈가 생긴다.

3) 누가 시청할 것인가?

4) 본 포맷의 부가 영역인 인터넷과 TV의 통합 등 뉴미디어에 대한 사고가 중요 Audience group의 오피니언 리더의 확보를 통한 프로그램의 이슈화가 매우 중요함.

5) '이슈가 무엇인가?'를 분명히 할 필요가 있다.

6) Casting 할 때 관심과 서부의 관점에서 판단해야 한다. 살리는 요소와 부정적인 요소를 동시에 염두에 두어야 한다.

• 제일 강한 성격의 소유자가 가장 먼저 쫓겨난다.

7) Casting을 위한 드라마, 엔터테인먼트의 패턴 및 경향 분석이 필요 드라마 패턴에 맞게 casting하는 것이 옳은가? 반대 방향이 옳은가?

8) 남녀의 비율, 연령의 비율에 대해서 고민해야 한다.

04 감성과 음악

인간과 동물과의 차이점을 나열해 보자. 매우 많은 사실들이 줄지어 나올 것으로 예상된다. 가장 원초적인 구조와 기능에서부터 고차원적인 정신분석까지 아마도 우리가 헤아릴 수 없을 정도로 많은 차이점을 찾아낼 수 있다. 그 중에서도 인간의 섬세한 감성(Sensitivity)을 표현하고 이 감성을 매개수단으로 의사소통하는 점은 인류의 역사에 매우 중요한 포인트라고 해석될 수 있다.

이러한 우리의 감성을 인식하고 전달하는 매개체를 흔히 '커뮤니케이션'이라고 말한다. 그리고 이러한 감성전달의 표현을 위해서 '예술'이라는 장르가 탄생되었고, 예술을 바탕으로 여러 가지 시도와 표현방식의 다양한 접목을 통해서 문화콘텐츠 산업을 육성하게 되었다. 대중에게 가장 밀접하게 이용되고 있는 문화 콘텐츠의 매개체로서 '음악'이라는 분야를 우리는 인지하고 있다.

Francois Joseph Fetis(1784 -1871)라는 벨기에의 음악이론가는 "음악이란, 음의 배합에 의해 사람의 감성을 감동시키는 예술"이라고 정의했다. 즉, 음악이란 의미 없는 음의 배열이 아닌, 다양한 감성을 드러낼 수 있는 음의 예술적 행위인 것이다. 또한 음을 모티브로 감성을 자극시키는 시간적 예술로서 음악의 구성원이 되는 각각의 음은 하나의 객체로 인지할 경우 공기의 진동으로밖에 여겨지지 않지만, 다른 흐름 속에서 제시되는가에 따라 각기 다른 음악적인 해석을 줄 수 있다. 중요한 사실은 '감성'이란 단순하게 듣고, 부르고, 연주하는데 그치는 것이 아니라 이러한 행위를 통해서 인간의 감성에 변화를 도출시키는 예술이라 정의하고 있다는 점이다.

인간의 감성을 표현하는 단어는 매우 다양하다. 기쁨, 슬픔, 즐거움, 사랑, 환희, 우울, 공포, 충격, 유쾌함, 코믹 등 여러 가지의 표현으로 감성을 세분화시킬 수 있다. 즉, 감성 또는 분위기(Mood)를 표현하고 드러내는 도구로써 음악을 다양하게 접목시킬 수도 있음을 우리는 각종 영상매체를 통해서 알 수 있다. 이러한 감성과 음악은 우리의 뇌를 자극시키고 마음을 움직이면서 의도하고자 하는 연출된 분위기를 더욱 배가시키는 효과를 준다. 그렇기 때문에 인간의 감성과 음악의 장르에는 밀접한 관계성을 지니고 있다.

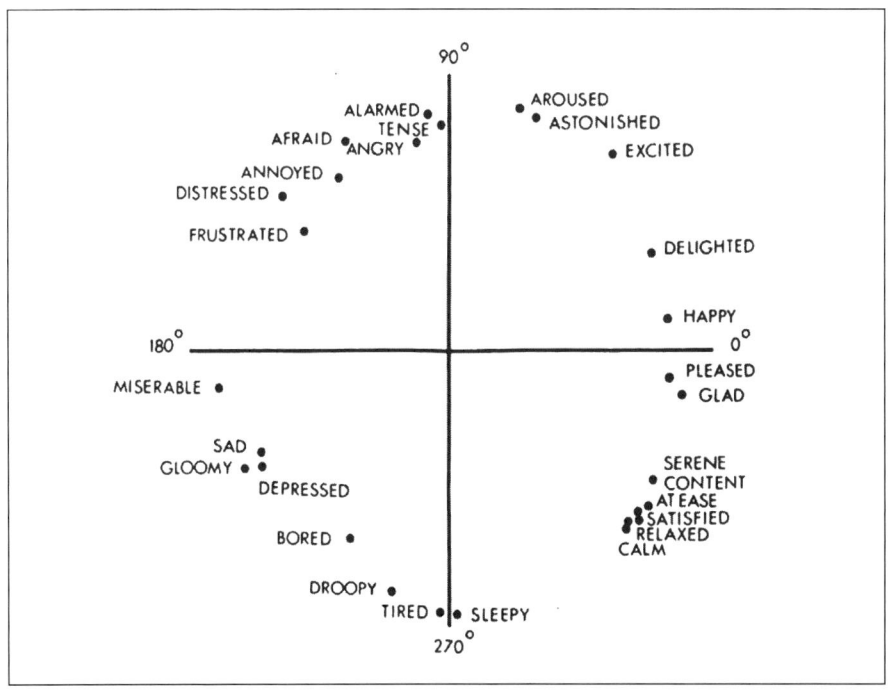

Russell의 감성모델

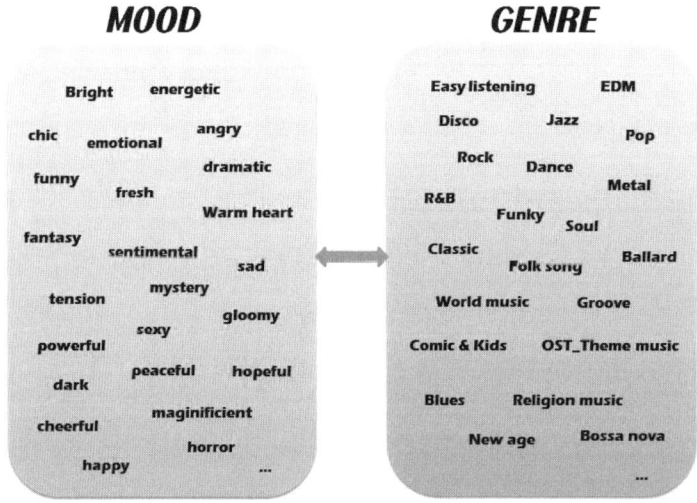

　영상의 내용과 분위기가 슬픈 장면을 표현하고 있다고 가정하자. 이 설정에 맞는 배경음악을 머릿속에 상상해보면 어떨까. 개인마다 감성의 편차가 다를 수도 있다는 사실은 인정하지만, 어느 누구나 공감할 수 있는 범위를 우리는 흔히 '보편타당성'이라고 한다. 이 보편타당성에 입각한 배경음악의 분위기는 대부분 잔잔한 피아노 선율이 흐르는 슬픈 뉴에지 장르의 곡이거나, 슬픈 발라드를 연상할 것이다.

　다른 영상의 이미지를 생각해 보자. 꼬마아이들과 엄마, 아빠가 피크닉가방을 들고 화창한 날씨에 소풍가는 모습을 상상해볼 때, 어쿠스틱 기타의 상큼한 멜로디가 흐르는 포크송이나 고개를 살짝 움직여주는 가벼운 느낌의 컨트리 음악이 대체적으로 어울리지 않을까.

　인간의 감성이라는 코드와 매칭되는 음악의 장르는 보편적으로 타당한 범위 내에서 연결될 수 있으며 영상과 음악이 함께 어우러진 멀티미디어를 시청할 때 우리의 감성은 더욱 고조됨을 느낄 수 있다. 이렇듯 음악은 우리의 마음속에 내재된 감성을 자극시키고 표현의 질적 상승을 유발하면서 인간의 심리에 더욱 밀접하게 접근하게 된다.

　감성과 음악 사이에 밀접한 관계가 존재함을 인지했다면 이제부터 우리는 두 가지의 재미있는 음악놀이를 해보며 감성과 음악의 관계성을 직접 경험해보는 시간을 가져

볼까 한다. 이러한 놀이는 비록 단순한 재미의 추구에 지나지 않을 수도 있겠지만, 필자의 경험에 비추어보면 영상매체와 음악의 연관성부여에 관한 매칭구조 분석에 있어 매우 중요하고 반드시 필요한 숙달과정이었음을 명시한다.

1. 지금부터 음악을 한 곡씩 들어보며 연상되는 영상의 이미지를 떠올려 본다. 대중음악도 좋고, Pop도 물론이며, 그 이외 다양한 장르의 음악을 감상하며 눈을 감고 머릿속에 떠오르는 영상을 영화의 필름처럼 연상해가며 상상해본다.

[예시]

음악(곡명)	연상되는 영상이미지
Pop : OOO의 "OOOO"	[예시] 노을이 지는 저녁에 해변을 달리는 오픈카의 실루엣
대중가요 : OOO의 "OOOO"	[예시] 어린시절 친구와 즐겁게 놀았던 모습의 회상
뉴에이지 : OOO의 "OOOO"	[예시] 헤어진 연인을 그리워하는 남자의 눈물

2. 반대로, 아무런 소리 없는 영상을 보면서 어울리는 배경음악을 상상해본다. 많은 사람들이 멀티미디어에 노출되어 있는 현실에서 이 훈련은 다소 힘들 수 있다. 그러나 반복적인 연습에 의해서 시간이 지날수록 영상에 어울리는 음악이 떠오르게 될 것이다.

[예시]

영상의 장면(이미지)	어울리는 배경음악
[예시] 피곤에 지쳐 힘들어하는 한 남자	Rock : OOO의 "OOOO"
[예시] 공원을 산책하는 어느 노부부의 평온함	Classic : OOO의 "OOOO"
[예시] 생명의 위협을 느끼며 도망치는 극도의 긴장감	EDM : OOO의 "OOOO"

인간의 감성은 시간의 흐름과 장소의 변화, 환경의 변화 등 다양한 외적 요소에 의해서 끊임없이 변화한다. 이러한 변화를 정확히 수치화하거나 데이터화하기는 많은 에러 사항들이 발생할 만큼 복잡하다. 더불어 인간의 감성과 매칭되는 구조로서의 음악 분류를 나타내는 분석 툴 또한 매우 난해하고 복잡한 연구 분야 중 하나로 인식되고 있다.

감성과 음악의 연관성을 분석하기 위한 기본적인 사항으로, 음악을 구성하는 수많은 요소 중 인간의 감성에 영향을 주는 음악적 요소에 대해서 접근해 볼 필요가 있다. 대표적인 요소들에는 조성(Tonality), 화음(Harmony), 리듬(Rhythm), 셈여림(Expression or Dynamic), 음색(Timbre or Tone)으로 구분할 수 있다.

1. 조성(Tomality)

조성은 음악에서 기준이 되는 음에 의해서 일정한 규칙과 질서를 가지고 나열되는 체계적인 여러 음의 현상을 말한다. 조성은 음악적 요소 중에서도 감성의 변화에 가장 많은 영향력을 주는 요소이다. 보편적인 관점에서 조성은 크게 장조와 단조로 구분 지을 수 있으며 장조는 밝고, 유쾌하고 즐거운 그리고 기쁘고 행복한 감성을 일으키는 긍정적인 의미를 나타내는 반면에 단조는 우울, 고독, 슬픔, 외로움 등의 부정적인 의미를 표현하는데 적합하다. 물론 단조이면서도 긍정적인 의미를 표현하는 이례적인 음악도 있지만, 앞서 언급했듯이 보편적인 관점에 입각한 분석임을 명시한다.

2. 화음(Harmony)

화음은 두 개 이상의 음이 어우러져 동시에 소리를 나타내는 것으로, 두 개 이상의 화음이 어울리는 느낌을 주는 화음을 협화음, 반대로 어울리지 않은 화음을 불협화음이라고 한다. 이러한 화음이 음악의 음계 속에 어우러져 있을 때 협화음은 상쾌함, 이완성, 침착함의 성격을 나타내며, 불협화음은 불쾌함, 긴장감, 흥분 등의 감성의 성격을 나타낸다. 즉, 협화음은 긍정적인 반응으로, 불협화음은 부정적인 반응으로 표현되는 성격을 내포하고 있다고 본다.

3. 리듬(Rhythm)

리듬은 음악의 가장 기본이라고 할 수 있다. 즉, 조성이나 화음이 없이도 음악은 가능하나, 리듬이 없는 음악은 존재하기가 매우 어렵다. 리듬은 템포에 따라 감성의 자극 내지는 진정시키는 중요한 요인을 가지고 있으며, 싱코페이션(Syncopation)과 같은 비정상적인 비트는 심리적인 긴장 내지는 흥분을 야기시키며, 비트의 반복(meter)은 심리적인 강도를 강화시킨다. 또한 음악의 전반적인 진행에 있어 리듬은 전체적으로 역동감을 주어 감성의 변화에 직접적인 영향을 주게 된다.

4. 셈여림(Expression or Dynamic)

셈여림은 음의 세기와 변화를 상대적으로 나타내는 의미로써, 각 음악의 셈여림에 따라 대중의 각기 다른 감성을 유도한다. 따라서 셈여림은 음량의 크기(Loudness Level)와 밀접한 관계를 형성하고 있다. 즉, 세기의 강도가 강할수록 기쁨, 경쾌함, 즐거움 등을 표현할 수 있으며, 강도가 약할수록 우울, 외로움, 고독, 지루함 등을 나타낸다.

5. 음색(Timbre or Tone)

음색은 연주되는 각 악기의 소리 특성을 구별해 주는 특성을 가지고 있다. 따라서 악기마다 각기 다른 감성의 코드를 표현할 수 있다는 점에서 악기의 음색은 매우 중요한 관계성을 띠고 있다. 하지만 하나의 악기로도 정반대의 감성을 줄 수 있는 독특함을 내포하기도 한다. 예를 들어 잔잔한 어쿠스틱 기타의 음색과 신나고 경쾌한 기타의 음색은 같은 악기이면서도 다른 감성을 전달하는 매력을 지닌 것이다. 사람(보컬)의 음색 또한 매우 다양하고 풍부해 감성을 전달하는데 있어 중요한 악기라고 볼 수 있다.

아래의 그래프는 X축(수평)과 Y축(수직)을 교차하여 2차원 그래프를 표시한 감성표현 분석모델이다. X축 선상에 해당되는 주제선율, 즉 멜로디와 화음이며, Y축에 해당되는 리듬(비트 또는 박자를 나타내는 타악기)을 의미한다.

이 모델은 인간의 감성과 음악에 대한 연관성을 분석하는데 있어서 중요한 지표를

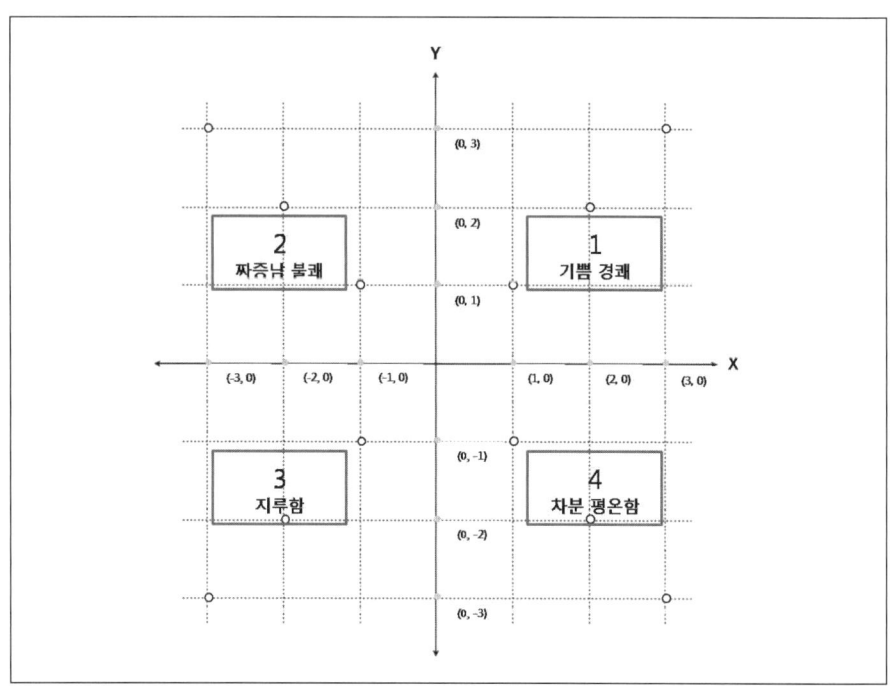

Russell과 Thayer의 감성에 의한 2차원 모델을 적용시킨 그래프

제시하며, 현존하는 대부분의 음악의 장르들이 이 그래프의 분석내용과 대부분 일치하는 것으로 파악된다.

1. 기쁨 · 경쾌

비트와 음량(Loudness Level)에 의한 감성의 자극이 점차 증가하고 선율을 표현하는 악기와 악기의 음색이 주제선율에 협화음정을 나타내게 된다. 즉, 단순한 주제선율을 점진적으로 풍성하게 쌓아가면서 기쁨과 경쾌함이 생성되도록 표현한다.

2. 짜증남 · 불쾌

인간의 감성이 짜증나고 불쾌한 반응을 나타내는 좌표로서, 리듬(비트)과 음량에 의한 자극이 점차 증가되고 악기의 선율과 음색이 주제선율에 불협화음정을 표현하면서 해당되는 주제선율이 점차적으로 풍성하게 되지만 불협화음정으로 인한 짜증남과 불쾌감이 발생되도록 한다.

3. 지루함

인간의 감성이 지루한 반응을 보이는 좌표로 Y축의 리듬(비트)과 음량에 의한 자극은 지루함을 표현하기 위해 점차 작아지는 특성이 있다. 선율 또한 불협화음정이라 감성의 자극에 있어 불안정적인 표현을 나타낸다.

4. 차분 · 평온함

리듬(비트)에 의한 자극은 감소되지만, 협화음정으로 인해서 마음의 평온을 유지시켜주는 면이다. 인간의 감성이 차분한 반응을 보이는 좌표로서, Y축의 리듬(박자)감과 음량에 의한 자극은 음량이 점차적으로 약화되고 더욱 더 여린 표현할 수 있는 악기를 통해서 리듬(비트)도 점점 사라지는 효과를 필요로 한다.

최근에는 디지털 기술의 발달에서 좀 더 진화하여 인터랙티브 아트(Interactive Art)라는 신개념의 예술분야가 형성되고 있다. 즉, 제작자와 유저가 상호작용을 통해서 새로운 장르의 예술을 창작한다는 뉴미디어의 형태라고 볼 수 있다. 이렇게 상호작용을 위한 소통을 통해서 무언가 새로움을 탄생시키고 있으며, 이 새로움에 감성적 코드를 삽입하게 되면 매우 그럴듯한 작품으로 탄생된다. 이른바 이러한 작품을 '감성문화콘텐츠'라고 하며 소위 말하는 인문학과 공학, 예술학 등 여러 분야의 융합(Convergence)을 통해서 이루어지게 된다. 이 감성문화콘텐츠 안에서 음악이란 타 매체와 접목시킬 수 있는 매우 중요한 매칭 포인트이기도 하며, 우리의 감성을 표현하는데 가장 적합한 요소로 작용하고 있다.

05 스토리텔링, 그것이 알고 싶다.

같은 주제를 가지고 얘기를 하다보면 재미있게 설명해가면서 늘 주변 사람들의 이목을 집중시키는 재주 좋은 친구들이 항상 존재한다. 부러울 정도로 그 친구의 입담은 우리를 즐겁게 만들어준다. 어떻게 같은 얘기인데, 이렇게 다르게 표현할 수 있을까…. 이 또한 그 친구의 타고난 재능이 아닐까.

여기서 흥미로운 사실은 위에서 언급한 친구의 입담이 '미디어'의 역할을 가지고 있다는 것이다. 또한 미디어의 핵심으로 좀 더 심도 있게 들어가 보면 이 안에 스토리(Story)라는 녀석이 자리 잡고 있음을 알 수 있다. 이 스토리를 우리는 얘기하고, 듣고, 공유하고, 판단하는 등의 여러 자각적인 과정을 스토리텔링(Story-telling)이라는 행위를 통해서 인지하게 된다. 따라서 뉴미디어 시대에 살고 있는 우리에게 스토리텔링은 언제부터인가 매우 중요한 요소가 되었다.

스토리텔링이란 이야기(story)와 말하기(telling)의 합성어로서, 즉 전달하려는 하는 내용에 설득력을 추가하는 프로세싱을 거쳐 대중에게 전달하고 관철시키는 행위를 의미한다. 스토리텔링의 근원적 의미는 인간의 생존과 자신의 존재감을 부각시켜 타인과 소통하는 커뮤니케이션의 방식이다. 좀 더 세부적인 의미로 정리하면 자신의 얘기를 대중에게 관철시키려는 목적으로, 그 목적을 달성하기 위해 흥미와 설득력을 토대로 메시지를 담은 스토리를 만들어 소통하고 전달하는 행위라고 볼 수 있다.

우리가 살아가는 이 세상은 이야기를 중심으로 많은 것들이 변화되고 탄생되고 있다. 그만큼 대중들은 이야기를 좋아하며 그것에 영향을 받으며 이를 통해서 역사가 변화와 탄생을 반복하고 있음을 암시한다. 대중은 이러한 스토리텔링에 많은 의미를 부여하고 그 인과관계를 바탕으로 동일시되는 감정과 교훈을 공유하면서 살아가고 있다. 즉, 이야기는 인간이 사회적 동물이라는 특성을 바탕으로 적지 않은 전염효과를 보이고 있다.

문명의 발달이전에는 한정된 공간 안에서 살아가는 원시시대의 소통방식과 문명의 발달이후 좀 더 방대한 지역까지 아우르는 소통방식에 대한 갈구는 인류의 영원한 숙제이기도 했다. 이야기는 이러한 대인간 소통의 방식에 대한 해결점을 제시했으며, 좀 더 설득력이 강하고, 의제의 합리성을 부여하기 위해서 대중은 좀 더 세련된 표현방식의 형식을 연구하게 되었고, 그 적절한 형식에 스토리텔링이란 모델을 제시하게 되었다. 오늘날 스토리텔링은 우리의 주변 매우 가까운 곳에서 늘 다양한 형태로 접근하고 있으며, 다양한 메시지를 전달하고 있다.

현대에 있어서 스토리텔링은 순수예술의 장르에서 이야기 창작은 당연한 얘기이며, 사회의 전반적인 산업에 걸쳐 필요한 경제 가치를 올리기 위한 중요한 커뮤니케이션으로 사회조직 내에서 추구하는 중요한 의제를 다양한 형식의 소재를 통해서 보다 이해하기 편하고 쉽게 구현하는 방식이다. 또한 스토리텔링은 광고, 예술, 역사 등 우리가 생각하는 범위보다 훨씬 폭넓게 이용되어 목적에 부합되는 정보를 가공하거나 다른 시각으로 해석하여 대중에게 설득력 있는 인식을 제공한다.

누가	화자 / Storyteller	작곡가
누구에게	청자 / Audience	대 중
무엇을	주제 / Object	대중음악
어떻게	기법 / Methods	작곡법

우리가 살아가는 사회의 많은 지식과 정보를 기획자의 의도에 따라 표현되는 스토리텔링이 각기 다른 측면에서 해석한다면, 이는 어쩌면 작곡가와 비교해 볼 때 본질적 추구의 측면에서 동질적인 포인트를 발견할 수 있다.

좋은 스토리텔링은 작곡가의 손길에서 만들어진 훌륭한 음악과도 같다고 볼 수 있다. 즉, 말하고자 하는 매개수단이 음악일 경우에는 작곡가의 의도와 설정이 3~4분의 멜로디와 리듬 안에 함축시켜 대중에게 감동을 주는 것은 마치 말하고자 하는 이야기를 그럴듯한 재료를 이용하여 청자에게 적절하게 전달하는 방식과 동일시된다.

작곡 포인트	스토리텔링 포인트
작곡의 방향성	청자의 본질 분석 및 연구 + 주제에 대한 해석
	대기설법, 즉, 수용자를 파악해 눈높이에 맞춰 연관성 고려
악기의 배열	전달하고자 하는 메시지와 적절한 스토리 재료의 선정
멜로디 선정	청자의 관심 지속성을 고려해서 전달내용과 스토리의 규모를 효과적 전달을 위해 Chapter 및 단락 배분
리듬 구성	메시지의 사회적 가치와 전문성의 난이도 조절 이야기의 특성이 내포된 개성 있는 흐름
편곡	적절한 어휘와 수사법의 표현 → 이상적 메시지의 전달 매개체 역할
작곡 완성	트렌드에 맞게 표현된 스토리 구성 명료한 문맥, 적정한 전달 매체 선정 → 전달력 상승

음악 스토리텔링(Music Storytelling)이란 무엇인가?

음악이 인간 정신과 신체에 미치는 영향을 연구하는 분야에서 세계적인 권위를 인정받고 있는 학자 돈 캠벨. 그가 언급한 음악을 잠시 인용해봤다. "음악을 들으면 순식간에 영혼이 고조된다. 그것은 우리 내부의 기도하는 정신, 열정, 사랑을 일깨운다. 또한 마음을 정화시키며 더 영리하게 만들어준다. 음악은 춤과 노래로써 우울한 기분을 달래준다. 우리 내부의 어린아이 같은 천진함, 수사 같은 성스러움, 양치기소년 같은 쾌활함을 자극하며 모든 인간의 내부에 존재하는 영웅성을 자극하여 고난을 이길 수 있게 한다. 음악은 신성한 장소로서 우주의 장엄함을 느낄 수 있는 신전 같으며 동시에 어느 누구도 그 속에 깊이 숨겨진 비밀을 알아낼 수 없을 정도로 단순하지만 은밀한 오두막집 같다. 땅과 하늘의 소리이며 심장 고동 소리에서부터 솟아오르는 상상력까지… 이것을 재료로 하여 결국에는 삶과 꿈, 영혼과 별들이 현상을 이루게 되는 것이다."

음악 스토리텔링(Music Storytelling)이란 음악과 관련된 모든 이야기의 구성으로 전달되는 메시지이다. 물론, 음악 자체만으로도 스토리의 구성을 이루어 메시지를 전달함으로써 대중에게 감동을 전달하기도 한다. 그러나 광의적인 개념으로 보면, 음악 그 자체뿐만 아니라, 영상 또는 재미있는 이야기 속에 삽입된 음악의 경우도 음악스토리텔링의 중요한 영역으로 인식된다.

음악이 갖고 있는 능력 중에서 인간의 정신세계에 커다란 유희와 감동을 주는 가치 있는 예술이라고 한다면, 음악 스토리텔링은 음악이라는 요소를 좀 더 넓은 매체에 접목시켜 궁극적인 메시지를 표현함에 있어 인간이 보다 풍부한 해석을 펼칠 수 있도록 도와주는 중요한 도구라고 볼 수 있다.

음악이란 인간의 감성을 소리의 형태로 표현할 수 있는 예술의 한 장르이다. 이는 인간이 갖고 있는 기억력의 한계와 망각에 있어 저항력을 담은 순수 예술의 경지이기도 하다. 확대 해석의 표현으로 음악 스토리텔링은 주된 메시지를 강한 파급력을 동원하여 대중에게 의미 전달을 하는 스토리텔링에 음악이라는 도구이자 수단이 결속되어 메시지 전달의 극대화를 추구하는 방식이다. 오늘날의 음악스토리텔링은 폭넓은 범위에서 실제 적용되고 있으며 기획자의 기호성에 따라서 각기 다른 방식으로 사용하고 있다. 이는 동일한 용도나 목적을 내포하고 있으면서도 개별적인 아이디어와 창의성을 소재로 자기만의 스타일을 추구하면서 스토리텔링을 만들어 활용하게 되면서 음악 스토리텔링이라는 용어의 선택은 임의적인 약속에 근거한 형태를 취하게 된다. 그리고 대중은 이러한 음악 스토리텔링을 접하게 되면서 참신한 흥미유발의 반응을 보이게 된다.

이처럼 음악이 인간과의 교감에서 얼마나 밀접한 관계성을 이루고 있는지에 대한 해답을 표현한 방식이 바로 음악 스토리텔링이며, 또한 음악 스토리텔링에 있어 음악의 역할이 메시지 전달의 매우 중요한 커뮤니케이션 도구임을 명확하게 입증할 수 있는 사안이 되는 것이다.

이렇듯 음악은 창작과정부터 연주와 제작을 거쳐 대중에게 전달되기까지 스토리의 소재는 끊임없이 일어나고 사라지면서 그것의 확대 재창조 과정에 음악 스토리텔링이 존재하고 있는 것이다.

1. 음악의 내러티브

내러티브(Narrative)란 이야기, 혹은 이야기로 구성되는 서사구조의 일체를 의미한다. 오늘날 내러티브와 유사한 의미로 표현되는 것이 바로 스토리텔링이지만, 엄밀히 보면 스토리텔링은 언어와 문장 또는 다양한 매체의 플랫폼을 이용하여 대중에게 전달되는 것을 의미하고, 내러티브는 이러한 스토리텔링의 기법과 그 암시하고 있는 의미까지 내포하고 있는 광범위한 개념이라고 볼 수 있다. 즉, 스토리텔링은 다루고자 하는 메시지에 대해서 '어떻게 담고 있느냐'의 외형적 방식의 관점과, 내러티브는 '무엇을 담고 있느냐'의 내면적 내용의 관점의 차이로 나눠볼 수 있다.

따라서, 음악 스토리텔링은 음악의 내면화된 내러티브를 스토리텔링에 있어 메시지 전달에 이용하기 위한 외형적 표상으로 일종의 끄집어내기의 단계라고도 볼 수 있다. 음악의 기원을 거슬러 올라가보면 원시시대의 생활 기반에 둔 사냥과 전쟁에 사용한 그들만의 음성언어의 한 방식에서 출발하여 인간의 정신적 산물로 통용되는 종교의 의미전달에 효과적인 수단으로 사용되었던 종교음악으로 발전해 왔다는 학설이 지배적인 경향이다. 즉 초기의 음악은 불완전한 인간의 정신세계 자각에서 시작하여 인간의 신성한 내면적 이상 추구를 위한 종교와의 접목을 시도하여 대중에게 전달되는 종교 음악의 확대가 그 시조로 볼 수 있으며, 이러한 음악의 행위를 통해서 인간은 내면적 안정과 외형적 평화의 추구를 이끌어내어 인간 본연의 감성적 예술로서의 중요한 커뮤니케이션 수단으로 해석된다.

르네상스 이후 예술의 가치해석을 인간의 자유로운 표현과 음악의 다양한 내러티브를 접목하면서 이른바 예술의 황금기를 불러일으키게 되었다. 그 당시의 대표적인 프랑스 작곡가인 베를리오즈는 문자언어의 형식 즉, 시와 같은 문학작품에 얼마나 훌륭한 음악을 접목시킬 수 있는가하는 콩쿨 대회에 참여하기도 했다. 이는 문학작품과 음악의 감성적 일치에 기반을 둔 다른 형태의 예술적 가치를 이끌어내고 있으며, 문학과 음악 속에 내재된 내러티브의 환상적인 조합으로 표현되는 인간 정신세계의 창의적인 감성 예술경지를 탄생시키는 하나의 역사가 되었다.

이는 음악에 담긴 내러티브의 중요성에 대한 궁극의 해석을 보여주고 있는 것이다. 이후에도 음악은 인간을 비롯한 세상의 여러 이상과 감성을 추구하는 중요한 예술의 한 장르로 자리잡게 되었고, 이러한 예술 행위의 자체에 있어 그 본연은 인간의 삶에 포커스를 맞추고 있다. 따라서 자연스럽게 음악에 내재된 내러티브의 비중은 더욱 커지게 되었고, 그로 인해 음악 스토리텔링에 많은 관심을 가지면서 다양한 분석과 해석을 펼쳐놓을 정도로 현 시대에 중요한 아이콘으로 자리 잡고 있다.

음악에도 우리의 언어와 같이 일련의 문법이 존재하고 있다. 이와 같은 음악언어를 언급한 사람은 세계적인 작곡가이자 지휘자인 레너드 번스타인(Leonard Bernstein)이다.

레너드 번스타인은 그의 모교인 하버드 대학교에서 강의를 했으며 그의 강의를 통해서 음악을 미국의 언어학자인 노암 촘스키(Noam Chomsky)의 언어학에 비유한 명저를 남겼다. 그는 '음악에도 내재적인 보편문법이 있다.'고 해석했으며 음악언어란 표현하고자 하는 무형의 그 어떤 것들이 인류의 공통된 표현형식을 인용하여 메시지를 전달하는 형태로 음악에 담겨있음을 의미하는 것이라고 주장했다.

레너드 번스타인은 본인의 이름을 타이틀로 내걸고 제작했던 TV 방송 프로그램인 [청소년 음악회]에서 음악의 가치나 전달하고자 하는 의미는 음악 자체에 있다는 것을 다양한 방법으로 설명했다. 어떤 하나의 곡이 대중들에게 흥분과 감동을 느끼게 하는 기능적 요소는 리듬, 화성, 연주 방식 등의 다양한 조건에 의해서 펼쳐지는 음악적 이유라는 것이라고 확인시켜 주었다. 그는 제목을 숨긴 리하르트 슈트라우스의 "돈키호테"에 자신이 꾸며낸 〈슈퍼맨의 죄수 구출작전〉 이야기를 음악과 함께 리얼하게 맞춰가며 들려주면서 음악 자체 내에는 그 어떤 이야기의 요소가 내재되어 있으며 그것은 대중들이 각기 다른 자신의 해석으로 받아들일 수 있다고 주장했다.

이 사례의 경우는 감상자에 따라 음악언어의 해석에 다양성과 유사성이 공존하고 있다는 것을 보여주었다. 이는 애초에 작곡가가 담고자 했던 의도는 물론, 감상자가 그 음악으로부터 취사선택할 수 있는 이러한 다양성과 유사성이 이야기로 담긴 상태를 음악의 내러티브라고 할 수 있다.

2. 음악의 공감각(Synesthesia)

눈을 감고 음악을 감상할 때면 음악의 감성과 흐름에 따라 숲속 어딘가에서 시원한 바람소리를 느낄 수도 있을 것이고, 도심 속 사람들의 소음과 대중교통의 요란한 소음을 상상할 수도 있으며, 사랑하는 사람과의 즐거운 데이트를 상상할 수 있음을 경험한다. 또한 푸른 바다 속을 헤엄치며 자연의 아름다움을 상상할 수도 있을 것이다.

이는 우리의 감각기관에 대한 연속성을 표현하는 경우들인데, 청각을 사용하고 있으면서도 시각적 연상 내지는 상상이 가능하며 어떤 시각적 이미지를 보면서 소리와 냄새를 상상하며 느끼기도 한다. 이러한 일들은 감상자의 상상력이나 전에 있었던 앞선 경험, 지식, 감성, 감각 등과 매우 밀접한 관계를 이루고 있다.

음악은 단지 청각에 의해서만 표현되는 예술이라고 볼 수는 없다. 청각에 의존하는 음향공학적인 해석만으로는 음악을 통해서 체득되는 수많은 경험을 결코 모두 반영할 수 없으며, 감상자의 음악적인 경험을 제대로 해석하기는 어려운 부분이 많다. 음악을 통해서 상상할 수 있는 시각적 이미지는 무한하며, 감상자의 음악적 소양과 정서적인 상태에 따라 표현되는 상상력의 편차 역시 문자 내지는 음성 언어라는 제한적인 커뮤니케이션 기호 체계로 해석하는 데에는 많은 한계성을 갖고 있다.

음악의 이러한 요소에 주목한 학자와 예술가, 비평가들에 의해 많은 연구가 있었고, 현재에도 이루어지고 있다. 오스트리아의 학자 빅토르 주커칸들(Viktor Zuckerkandl)에 의하면 음악적 경험이란 청각적 경험과 시각적 경험이 같은 실제에 속하며, 음의 운동과 사람의 운동이 같은 활동 범위 내에서 일어난다고 주장했다. 그는 시각과 청각이 모두 공간을 경험한다고 전제한 후, 눈의 공간경험은 나를 배제하는 공간 속에서 나에게 공간을 열어놓기 때문에 분리경험이며, 귀의 공간경험은 나를 참여시키는 공간속에서 나에게 공간을 열어놓으므로 관계경험이라고 했다. 음악적 경험이란 운동, 시간, 공간의 근본적인 경험을 모두 내포하는 것으로, 음악교육 방법론에 있어서도 음악적 경험을 청각에 한정짓지 않고 청각 경험과 동시에 시각과 운동 감각을 함께 이용하고 있는 것도 이러한 맥락에서 해석되는 것이다.

공감각(synesthesia)은 그리스어인 syn(함께)+aisthane -sthai(지각하다)의 합성어이며 동시에 일어나는 감각적 인식으로 정의내릴 수 있다. 즉 하나의 감각적 자극이 다른 감각의 자극을 동시에 일으키는 현상, 상이한 감각영역에서 발생되는 다른 여러 가지 감각들이 서로 상대적인 반응을 발생시키는 융합현상을 말한다. 따라서 공감각은 감각들 사이의 상응관계뿐만 아니라 감각의 동시성 또는 다중적 감각성으로 해석될 수 있다.

이러한 공감각 작용의 대표적인 현상으로 색청능력(colored hearing)을 들 수 있다. 조금은 다르지만 의미전달의 일치상으로 일맥상통하는 해석으로는 색조와 음계라는 표현으로 불리기도 한다. 이는 음악의 음색, 음높이, 음의 크기 등의 지각이 해당되는 음(계)과 특정한 색채와 연관성을 보이고 있다는 관점으로 현재까지 지속적인 연구가 진행 중에 있다. 대표적인 사례로 보면, 다양한 문화권의 2,000여개 공감각에 대한 조사에서 소리에 대응하는 색깔 표현에는 많은 유사점을 보여주고 있다는 연구 결과가 있었다. 예컨대 음정을 나타내는 피치(Pitch)가 낮은 소리를 어두운 색깔과, 높은 소리를 밝은 색깔과 연결하는 현상이 두드러진 결과이다. 물론 개인차가 존재하지만 각각의 감각마다 어느 정도의 공감각은 내재되어 있다. 음악을 감상한 후 색채나 도형으로 감상 경험을 표현하는 경우가 있는데, 이는 다양한 이미지의 도움을 모티브로 추상적인 음악을 좀 더 구체적으로 이해하려는 의도에서 비롯된 것이다.

낭만주의나 상징주의 예술가들은 공감각의 법칙을 탐구하는데 몰두했다. 러시아 출신의 현대화가 바실리 칸딘스키(Wassily Kandinsky)는 색채가 지니고 있는 음악적인 힘을 설명하면서 빨간색은 불꽃과 관련된 유사한 감각을 유발하고, 노란색은 레몬을 연상시키는 신 맛을 연상시키는 것처럼 시각적 요소와 청각적 요소의 교류 또한 공감각이라는 인간의 감각적 선상에서 이해하고 해석할 수 있다고 주장했다. 또한 색채의 연상과 상징에서 해석되는 관점으로 색의 연상에는 구체적 연상, 추상적 연상이 있다. 즉, 경험, 연령, 사회, 문화 등에 따라 기억되는 색채와 연상은 연관성이 있음을 풀이하고 있다.

주황 : 원기, 적극, 희열, 풍부
빨강 : 열, 위험, 분노, 열정, 일출, 자극, 능동적, 화려함, 십자가
노랑 : 금발, 경고, 유쾌함, 팽창, 희망
　　　세계 어린이들이 가장 선호하는 색, 자손의 번창, 사회과학, 명시성이 가장 높은 색
연두 : 잔디, 새싹, 초여름, 어린이, 젊음, 신선함
초록 : 평화, 고요함, 나뭇잎, 안식, 피로회복, 안전, 지성
파랑 : 차가움, 시원함, 바다, 추위, 공포, 봉사, 냉정, 우울, 명상, 성실 적십자 구호물품에 사용되는 색
남색 : 천사, 숭고함, 영원, 신비, 정화, 살균, 출산
보라 : 외로움, 고귀함, 그림자, 부드러움, 창조예술, 우아, 신비, 신앙
자주 : 애정, 성적, 창조
흰색 : 청결, 소박, 순수, 순결, 솔직함, 유령, 텅빈, 영적인
회색 : 겸손, 무기력, 중성색, 고독감, 소극적, 고상함
검정 : 밤, 부정, 죄, 허무, 죽음, 암흑, 절망

인간의 뇌는 가능한 범위 내에서 여러 감각을 통해 수집되는 정보를 모두 활용하여 하나의 장면에 대한 지각을 인지하고 형성한다. 즉, 청각체계에서 무언가를 감지하면 시각영역을 적극 활성화하여 그 소리를 발생시키는 물체가 무엇이며 어떻게 생겼는지 최대한 상상력을 동원하여 추리하게 된다. 음악을 듣는 우리 뇌는 사람 혹은 사물의 동작으로 인식하게 되면서 그와 어울리는 시각적 이미지를 인지하고 기대하는 것은 바로 이러한 우리 뇌의 현상에서 기인한다고 볼 수 있다.

공감각 개념은 음악 스토리텔링에 있어서 중요한 역할을 수행하고 있다. 음악이 단순한 청각적 기관에서 머물러 있지만은 않은 다양한 감각기관과의 연쇄적인 반응을 통해서 인간의 정서적인 교감에 영향력을 주고 있으며, 또한 같은 음악을 듣고 분석하고 해석하는 방향성이 개인마다 모두 다르기 때문에 어쩌면 이러한 공감각적 개념으로 풀이하면 타인의 다양한 해석을 함께 공유하고 교환함으로써 음악에 대한 폭넓은 이해와 타인의 가치관에 대한 이해를 동시에 적용할 수 있는 측면에서 인간의 삶은 더욱 풍요로워 지는 것이다. 그렇기 때문에 음악스토리텔링에 있어 공감각은 매우 중요한 매개체라고 볼 수 있다.

3. 음악의 자연 모방

음악스토리텔링을 현실적으로 가능하도록 지원해주는 이론 중에서 음악의 자연 모방적 요소를 거론하게 된다. 이 개념은 원시시대에 사냥, 전쟁에서 주요한 기능을 담당하던 음악에서부터 그 기원을 찾을 수 있겠지만, 음악의 기능이 원시시대에 국한된 것이 아닌 오늘날의 대중에게도 중요한 개념으로 자리 잡고 있다. 신경 생물학자이면서 인지과학 분야에 새로운 관점을 제시하고 있는 마크 첸기지(Mark Changizi)는 그의 저서인 [자연모방, Harnessed]에서 언어와 음악을 습득하고 수용할 수 있도록 인간의 뇌가 진화해 온 것이 아니라, 역으로 언어와 음악이 인간의 뇌에 맞게 진화 발전해 왔다고 주장했다. 이러한 주장 속에서 음악은 인간의 동작과 자연을 모방하고 흉내내고 있었음을 다양한 관점에서 근거를 가지고 강조했다.

음악을 감상할 때 음악 그 자체에서 새소리와 물소리, 바람소리, 천둥번개소리 등 자연의 소리를 인식하거나 혹은 어깨춤을 저절로 유발시킨다던가 하는 인간 본연의 갖가지 충동을 느끼게 된다. 이는 작곡가가 곡을 창작할 때 자연의 현상을 악기로 재현하고자 하는 의도가 담겨져 있게끔 유도하여 최종적으로 감상자인 대중의 귀에 그렇게 전달되는 것이다. 또한 어떤 음악은 우리의 정서체계에 정확하게 내려주는 지령처럼 마치 누군가의 지휘나 조종을 받는 것처럼 그 음악의 리듬에 맞춰 몸을 움직여야 할 것 같은 느낌을 받기도 한다. 그 대표적인 사례로 행사의 시작을 알리는 팡파레(Fanfare)나 댄스곡(Dance)이 있다.

이런 음악은 인간의 동작을 모방한 것으로 그것을 듣는 인간에게 흡수되어 다시 그 음악에 몸을 움직이도록 조정하는 무언가가 존재한다.

또 다른 관점에서 이 이론을 뒷받침하는 용어로 귀벌레(Earworm)라는 현상이 있다. 이 현상은 귓전을 맴돌며 떠나지 않는 특정 음악을 지칭하는 용어로서 어떤 음악이 뇌에 잘 매칭되어 우리의 뇌가 그 음악을 쉽게 인지하고 기억하며 쉽게 재생하는 증상을 말한다. 귀벌레 현상의 가장 두드러진 특징은 율동적이라는 점이다. 이는 음악이 인간이 동작하는 소리와 맞아떨어지기 때문이며 음악이 신체의 운동을 담당하는 특정 프로그램과 함께 표현될 경우 우리의 뇌에서 그것을 더욱 중요하게 취급되기 때문이라고 해석된다.

음악의 구성 요소 중에서 음량, 음높이, 음색, 빠르기, 리듬은 인간의 동작 패턴과 매우 유사하다고 볼 수 있다.

심장의 박동소리를 크고 작은 북으로 재현하는 리듬 악기의 박자, 음악의 빠르기를 나타내는 음악용어로 쓰이는 안단테(천천히 걷듯), 아다지오(침착하게 느린 속도), 비바체(발랄하게 빠른 속도) 등에서 보여지듯 인간의 내면 움직임과 동작에서 음악의 몇몇 구성 요소를 차용한 것이다. 한편 음악은 사물이나 인간의 특정 동작에서 발생되는 소리와 마찬가지로 어떤 특정한 도구를 이용하여 때리고 비비며 울리는 과정에서 소리를 발생시킨다.

또한 악기의 소리가 사물에서 발생하는 소리뿐만 아니라 인간의 언어 발성 구조와도 일치하는 점이 많이 보여진다.

사물/동작	악기	음성
때리기	타악기	파열음
비비기	현악기	마찰음
울리기	관악기	비 음

음악이라는 예술장르는 사물에서 발생하는 소리의 기원을 모방하여 음악적인 소리를 창작 되었으며 그 소리에 인간의 감성을 담아내는 과정으로 진화하기 위한 멜로디(화성)가 삽입되었음을 알 수 있다. 음악의 창작에 대한 모티브는 인간의 동작과 자연에서 시작된 것이며, 인간의 뇌가 명료하게 인식하는 적절한 감성코드를 찾아가는 일련의 과정을 통해서 음악이라는 예술의 발전이 이루어졌다. 이것이 바로 음악의 자연모방설에 대한 핵심인 것이다.

06 '전문 방송인'이 되어가는 서막

데자뷰(deja-vu) 현상이라는 말을 들어본 적 있을 것이다. 처음 경험하는 것임에도 불구하고 마치 오래전에 본 적이 있거나 경험한 적이 있는 것 같은 느낌이나 환상이라고 한다. 조금 벗어난 관점이긴 하지만, 필자가 경험한 데자뷰는 내가 지금 경험하고 있는 현상이 언젠가 들었던 남의 얘기와 매우 흡사한, 소위 '변종 데자뷰'의 일종이라고 정의내리고 싶다.

'혜화동', '흐린 가을하늘에 편지를 써', '시청앞 지하철 역에서' 등 1980~90년대에 많은 명곡을 남겼으며, 현재에도 활동 중인 그룹이 있다. 많은 분들이 이미 알고 있듯이 「동물원」이라는 그룹을 얘기하고 있다. 필자의 어린 시절, 이 그룹의 음악을 들으며 한때 음악인이 되어야겠다고 다짐하며 이들의 팬으로서 열광한 젊음이 있었다. 이들의 명곡 중에서도 '널 사랑하겠어'라는 곡을 필자는 아직도 좋아하고 있다. 여기서 중요한 건 이 곡을 작곡한 김창기 씨의 작곡에 대한 사연이 매우 흥미롭다는 것이다.

언젠가 TV에서 김창기 씨가 '널 사랑하겠어'라는 곡을 작곡하게 된 사연을 얘기한 적이 있다. 평범한 일상 속에서 아내의 사랑스러움을 알게 되고, 이 느낌을 노래로 만들어야겠다는 생각에 즉석에서 작곡하게 됐다는 사연이다. 그리고 이 곡은 가요 프로그램에서 오랫동안 1위를 차지하며 대중의 인기를 마음껏 누리게 되었다.

어느 휴일에 필자는 아내와 아들과 외식을 하면서 다음 글을 어떻게 준비해야 할까, 어떤 이야기를 써야 할까하는 고민에 사로잡혀 있을 때, 아내는 이런 나의 내면을 꿰뚫어보고 그 고민이 무엇인지를 물어봤다. 그래서 고민을 털어놓았더니 "그럼 당신 제자들 중에서 중계방송이나 녹화방송에 실습하는 학생들의 이야기로 시작해 보는 건 어때?"라고 화두를 던져왔다.

아내가 던진 화두가 어쩌면 내가 이제까지 고민하고 있었던 내용을 풀어줄 수 있는 열쇠가 되지 않을까? 머리가 선명해지면서 자연스럽게 이번에 써야 할 소재들을 정리해본다. 아내의 조언에 감사의 표현을 이렇게 대신하고자 한다. '널 사랑하겠어~ 언제까지나~'.

방송계에 종사하는 여러 선배들의 조언 중에 이런 말이 있다. "일에 미쳐라. 그리고 즐겨라. 즐기지 않고, 미치지 않으면 버티기 힘들 것이다." 좌충우돌 매일같이 혼나고 반성하며 또 다시 내일 준비를 하게 되는, 그러나 일이 좋아 덤비는 젊은 방송인들을 볼 때마다 신선한 에너지를 느끼며, 방송에 관심이 많고 방송 일을 좋아하며 방송관련 업종에 종사하기를 바라는 우리의 인재들을 보면서 신선한 자극을 받는다. 이는 어쩌면 나와 그들 사이에 존재하는 '차이'라는 것을 인정하면서 우리가 공존하고 있음을 느끼기 때문일 것이다. 이렇듯 서로간의 차이를 좁혀주고 좀 더 세밀하게 알아가는 것이 교육이 아닐까. 그리고 의욕이 넘치는 청춘들에게는 이런 교육 시스템이 더욱 절실할 것으로 보인다.

학교의 스튜디오에서 기존 방송 프로그램의 방송녹화를 하게 되었고, 부조정실의 음향조정을 실습차원에서, 그리고 역량강화를 위해서 학생들에게 맡기고 있다. 처음 음향콘솔(AMU)의 볼륨 페이더에 손가락을 올리던 학생의 손이 매우 떨고 있는 것을 보고, 나도 모르게 "왜 손을 떨고 있니? 그리고 손가락에 힘주지 마라. 그러다 방송사고 난다." 하며 시니컬하게 잔소리하던 생각이 났다.

손가락에 힘이 가고 손을 떨고 있다는 것은 자신이 매우 긴장하고 있다는 뜻이다. 긴장하게 되면 부조정실의 많은 모니터들을 확인할 수 없게 되고, 각 카메라들의 움직임도 파악이 어려울 것이며, 이러한 상황에서는 어느 타이밍에 MC의 볼륨 페이더를 올려야 할지 모르게 되는, 말 그대로 NG를 반복할 수밖에 없는 상황인 것이다.

당연하게도 녹화 중 몇 번의 NG를 일으킨 학생은 이 상황을 매우 창피하게 느꼈을 수 있겠으나, 필자를 비롯한 경험이 많은 스태프들은 아무렇지도 않다는 듯 재차 '녹화 다시 들어가겠습니다'를 반복하며 학생에게 좀 더 많은 기회를 주었던 그때가 생각났다. 녹화시간이 다소 지체되기는 했지만, 다행히 녹화는 잘 마무리 되었고 그 학생은 그날을 계기로 한껏 자신감을 갖게 되었다. 그리고 그 날 이후로 그 학생은 그 방송 녹화의 메인 음향담당으로 열심히 방송을 배워나가고 있다.

마치 어제 했던 일처럼 나에게 익숙한 방송 업무가 어쩌면 이 학생들에게는 새롭고, 흥미로운 하나의 도전과제나 다름없듯이, 주어진 미션 하나하나에 열정과 노력을 다하는 이들의 모습을 보면서 필자는 새로운 깨달음을 얻게 된다. '초심(初心)'이라는 세상의 진리 말이다.

어찌 보면 이런 과정과 상황이 매우 당연한 것인데, 요즘 들어 실제 방송국의 시스템은 그리 당연하지 못하다. 요즘의 방송사는 새내기들의 기대치가 예전과 사뭇 다르다는 걸 인지할 수 있다. 급변하는 방송의 트렌드에 적응하듯 방송제작의 시스템 또한 빠르게 변화하고 있다. 그에 따른 전문 인력의 양성도 예전과는 다르게, 그렇게 너그러울 정도의 시간을 투자하지 못하는 요즘의 상황이다. 그렇다보니 너나 할 것 없이 '빨리~ 빨리!'라고 외치며 새내기들이 방송 업무에 익숙해지도록 강요하는 구조로 변하게 되었다. 물론, 방송이란 각 조직체계의 전문성을 바탕으로 이루어지는 산물이며, 그만큼 시간이 필요한 구조이기에 인재양성이 힘들고 까다롭다. 즉, 한 명의 메인 감독을 만들어내기까지 많은 시간이 소요되고, 그 시간을 기다려야 하는 현실적인 구조를 이해하게 된다.

비교적 긴 세월동안 방송 분야에 종사하면서 천직으로 알고 살아온 터라 조금은 방송업무에 익숙하고 편하게 생각해왔던 필자와는 다르게, 이제 막 방송을 공부하면서 알아가고 재미를 붙여가는 학생들에게 방송을 큰 그림에서부터 작고 섬세한 부분까지 이해시키려고 노력하고 있으나, 단시간에 이해하기 힘든 부분이 많음을 그들을 통해서 알게 된다. 물론, 사람에 따라 편차가 존재하기는 하지만 대부분의 경우 처음 경험하는 방송에서 사용되는 용어와 기술적인 표현 등 전반적인 틀을 놓고 보면 방송은 결코 쉽지 않은 매커니즘으로 해석된다. 그렇기 때문에 많은 방송 전문인들은 전반적인 방송 제작의 흐름을 파악하고 스태프 개념의 임무를 숙지하며 자신의 업무에 있어 끊임없는 숙련의 과정을 거치게 된다.

방송음악 및 음향을 설명하기에 앞서 방송이라는 범주는 매우 광범위하고 교육해야 할 항목이 다양하게 형성되어 있다. 또한 앞에서 언급했듯이 방송은 스태프 개념의 제작 시스템이기 때문에 여러 포지션의 이해와 역할 및 임무에 대한 전반적인 정보를 숙지하면서 단계적으로 접근하는 방식이 방송음악 및 음향을 이해하는 데에 매우 필요하다. 따라서 방송의 전반적인 주제들을 좀 더 다양하게 접근해가며 긴 여정의 시작을 알린다.

 방송의 역사

1. 라디오 방송

세계에서 처음으로 방송 전파가 시작된 것은 1920년 1월 미국 워싱턴의 아나고스티아 해군 비행장의 군악대 연주를 방송한 것이다. 그리고 같은 해 11월에는 미국 피츠버그의 웨스팅 하우스(Westing House) 회사가 설립한 KDKA국이 대통령 선거에 관련된 속보를 방송했는데, 이것이 정규방송의 시초로 인식되고 있다. 그 당시 KDKA국의 설립배경에는 웨스팅 하우스사의 경영전략이 있었다. KDKA 개국은 웨스팅 하우스사의 자사 제품 판매 촉진을 목적으로 한 수단이었고, 이는 방송이 산업활동에 영향을 미치고 있는 근거로 제시되고 있다.

국내 최초의 라디오 방송은 1926년 일제의 식민지 정책 강화수단으로 개국한 경성방송국이 1927년 2월 호출부호 JODK로 첫 방송을 시작했다. 이는 국내 라디오 방송 역사에 일제 강점기 시대를 포함시켜서는 안된다는 입장과 일제에 의해 만들어진 방송국이지만 이를 토대로 국내 방송의 발달과정에 큰 영향력을 끼쳤다는 관점에서 인정할 수밖에 없다는 의견이 대립되어 있다.

1932년 조선방송협회로 개편되어 광복당시까지 전국에 17개의 지방 방송국이 개설되었는데, 광복 전까지는 우리말과 일본어 방송이 별도로 편성되어 송출되었다. 호출부호 상 우리방송이 국적을 회복한 것은 1947년 9월 3일 국제전기통신연합(ITU)으로부터 호출부호를 부여받아 10월 2일 HLKA로 방송한 것인데, 우리방송 국적회복일 1947년 9월 3일을 방송의 날로 정해 매년 기념하고 있다.

2. TV(텔레비전)

세계 최초의 정규 TV방송은 1936년 11월 영국의 BBC에서 시작됐다. 그 이후로 1952년에 미국에서, 1953년에는 일본에서 뒤를 이어 정규 TV 방송을 시작했다.

국내 최초의 TV 방송은 1956년 상업방송인 HLKZ-TV(미국의 RCA사와 민간자본에 의한 회사)가 발족했는데 세계에서 15번째, 아시아에서 4번째로 TV 방송을 시작했다. 그러나 HLKZ-TV는 2년 만에 화재로 소실됐고, 1959년 4월에 개국한 부산 문화방송(HLKV)이 첫 상업방송이 됐다. 1960년대에 들어서면서 방송국들이 속속 개국하여 대중화의 계기를 만든다.

3. 컬러 방송

컬러TV는 1953년 발명되어 1954년에 미국에서 처음으로 컬러 방송을 시작했고, 국내에서는 1974년에 컬러TV가 생산되었지만, 경제적 과소비와 계층간 위화감 조성 등의 이유로 방송이 금지됐다. 이후 1970년대 말 오일쇼크로 국내 경제 분위기가 힘들어지면서 경기 회복의 일환으로 전자산업의 부흥을 시도하게 됐는데, 이러한 이유로 1980

년 8월부터 컬러TV 시판을 허용한 뒤 1980년 12월 1일부터 컬러TV 방송을 시작했다.

4. 케이블TV(CATV)

1991년 SBS가 개국 당시에 케이블TV에서 시험방송을 거치고, 1995년부터 본격적으로 방송에 들어갔다. 국내에 종합유선방송(케이블TV)을 비롯한 뉴미디어 방송이 도입됐으며, 최근까지 괄목할 만한 성장을 보이고 있다. 지역독점체제로 시작됐던 케이블TV는 이미 전국단위의 대형 'MSO(Multiple System Operator : 한 사업자가 다수의 종합유선방송국 보유)', 'MPP(Multiple Program Provider : 한 사업자가 다수의 프로그램 공급업체 보유)', 'MSP(Multiple System Operator & Program Provider : 한 사업자가 다수의 SO와 PP 보유)' 체제로 개편됐다.

5. 지상파 디지털방송

1999년 KBS가 관악산 송신소에서 처음 전파발사에 성공함으로써 국내 최초 디지털 TV 실험방송에 성공했다. 2000년 9월부터 방송 3사에서 시험방송을 시작했으며 2001년 11월 서울과 수도권 일부에서 본방송이 실시됐다. 2002년 들어 대전(1월), 광주(5월), 울산(6월)에서, 그리고 8월말 부산방송이 디지털 시험방송을 시작했으며, 2005년 전국방송이 시작됐다.

6. 디지털 위성방송

디지털 위성방송 사업자는 2000년 12월 한국통신 주축의 한국디지털위성방송(KDB) 컨소시엄이 선정되었으며, 2002년 스카이라이프(Skylife)란 이름으로 개국하였다.

7. 방송의 정의

방송에 대한 정의는 국가 또는 학자에 따라서 다소간 상이한 표현을 보이고 있다. 우선 대한민국의 방송법 제2조 1항에서는 방송에 대한 정의를 다음과 같이 내리고 있다.

'방송'이라 함은 방송 프로그램을 기획 · 편성 또는 제작하여 이를 공중(개별 계약에 의한 수신자를 포함하며, 이하 '시청자'라 한다)에게 전기, 통신 설비에 의하여 송신하는 것으로서 다음의 각목에 해당하는 것을 말한다.

- 지상파방송 : 방송을 목적으로 지상의 무선국을 이용하여 행하는 방송
- 종합유선방송 : 전송 · 선로시설을 이용하여 행하는 다채널 방송
- 위성방송 : 인공위성의 무선국을 이용하여 행하는 방송

방송의 사전적 의미는 영어로는 broad-cast, 한자로는 放送으로 표시되는데, 이는 point to mass, 즉 한 지점에서 주위에 있는 다수의 사람에게 표현자의 의지를 전달하는 통신 수단이라는 말이다. 또한 broadcast란 'broad(넓은)'와 'cast(던지다)'의 합성어로서 이는 넓은 곳에 무엇인가를 던진다는 뜻으로 불특정 다수에게 정보를 제공한다는 것으로 이해될 수 있다. 따라서 방송은 시사 · 상식 · 오락 · 정보 등을 대중들에게 전달하는 것으로 해석된다.

그러나 이런 방송의 개념은 케이블TV나 위성방송 같은 뉴미디어(New media)의 등장으로, 정형화된 Broadcasting뿐만이 아닌 Narrowcasting, Pointcasting도 포함되는 광의적 개념으로 새롭게 정착되고 있으며, 계속 변화하는 시대에 맞춰 방송의 개념은 더욱 범위가 넓어질 것으로 예상된다. 이는 기존의 방송에서 가정했던 '공중'이 수신자인가라는 물음에 이제는 더 이상 익명의 다수만이 아니라 타겟(Target)이 되는 소수에 초점을 맞춘 방송(Narrowcasting, Pointcasting)이 점차 많이 등장하게 되었으며, 메시지의 내용 또한 기존의 시사, 오락, 논평에 국한되지 않고 개인적이고 상업적이며 자료적인 성격의 내용이 더욱 늘어나고 있는 실정이기 때문이다. 따라서 방송의 개념은 점차적으로 그 범위를 확대해가며 대중과의 소통을 즐기며, 메시지 전달에 가장 적합한 기능을 갖추고 있다.

 방송의 전파

1. 라디오 스펙트럼에 의한 분류

　라디오는 사용 주파수대에 따라서 중파 방송(AM 방송), 단파 방송, 초단파 방송(FM 방송)으로 분류되며, 각 전파의 특성에 의해서 중파는 광역 방송에, 단파는 주로 해외 방송, 그리고 초단파는 가시거리 방송(可視距離 放送) 등에 사용되고 있다. 중파 방송의 주파수 범위는 300kHz~3MHz 이하이며 진폭변조(AM : Amplitude Modulation)에 의한 음성방송이다. 국내에서는 주로 525~1,605kHz 대역을 중파방송에 사용하고 있다. 중파는 지면을 타고 흘러가는 지표파를 이용하므로 광범위한 서비스가 가능하지만 주파수가 낮기 때문에 잡음(Noise)이 많다는 단점이 있다. 단파 방송은 주파수 범위가 3~30MHz 이하로 5kHz 단위로 주파수를 할당해 놓고 있다. 단파 방송은 단파대를 사용하기 때문에 전리층의 반사에 의해 원거리 방송이 가능하다. 따라서 단파의 이러한 특성을 이용하여 국외를 대상으로 하는 국제 방송에 단파를 사용하고 있다. 초단파는 주파수 범위가 30~300MHz 이하로 FM(Frequency Modulation : 주파수변조)을 방송한다. 국내에서는 88~108MHz의 FM 방송 밴드를 사용하고 있다.

　FM 방식은 VHF(Very High Frequency)대를 사용하고 있기 때문에 중파 방송과 같은 야간 혼신이 없고, 많은 지역에서의 동일 주파수 사용이 가능하다는 장점이 있으나, 송신소를 고지대에 설치해야 하는 것과 산악이나 빌딩 등에 의해 다중 반사 및 찌그러짐이 생기기가 쉽다는 단점을 보이고 있다. TV(텔레비전)는 초단파와 극초단파를 이용하는데 초단파(VHF : Very High Frequency)는 30~300MHz의 주파수대를, 그리고 극초단파(UHF : Ultra High Frequency)는 300~3,000MHz의 주파수대를 사용하고 있다.

2. 방송채널

　채널이란 특정 방송국에 할당한 스펙트럼 구분이다. 채널들은 서로 다른 폭을 갖고 있는데, 폭이 넓은 채널은 좁은 채널보다 좀 더 복잡한 신호들을 전달할 수 있다. 보통 방송에 사용하는 세 개의 채널 폭은 다음과 같다.

- 10kHz 채널 ·················· AM 라디오에 할당
- 200kHz 채널 ················· FM 라디오에 할당
- 6,000kHz 채널 ················ TV 방송에 할당

3. 텔레비전 방송(주사) 방식

전 세계 텔레비전 방송(주사) 방식은 NTSC, PAL, SECAM으로 세 가지의 방식이 있다.

텔레비전 방송(주사) 방식

구분	NTSC	PAL	SECAM
	National Television System Committee	Phase Alternative by Line	Sequential Couleur a Memoire
개발국가(연도)	미국(1951년)	독일(1961년)	프랑스(1957년)
1초간 화면수(frame)	30	25	25
주사선수	525	625	625
사용국가	미국, 한국, 일본, 캐나다, 멕시코, 필리핀, 베트남, 칠레, 콜롬비아, 쿠바, 페루 등 23개국	독일, 영국, 중국, 북한, 홍콩, 아르헨티나, 브라질, 이탈리아, 인도, 말레이시아, 인도네시아, 터키, 호주	프랑스, 러시아, 이란, 이집트, 모로코, 불가리아, 헝가리, 그리스, 포르투갈
특징	흑백 텔레비전 양립성 우수색상 약간 떨어짐	색상과 화상이 우수함	색상과 화상이 우수함

방송의 특성과 기능

1. 방송의 일반적 특성

1. 유한성

　공중에는 무수히 많은 전파가 전송되고 있지만 방송에서 사용 가능한 전파가 무한정으로 존재하는 것은 아니다. 각 방송국마다 자기들 마음대로 전파를 사용하는 것이 아니고, 주파수 또는 채널을 공급 및 할당받아야 하며, 각 방송국 간에는 전파의 간섭을 최대한 없애기 위하여 각 주파수 또는 채널 간 일정한 거리와 간격이 필요하다. 즉 방송에 사용 가능한 전파가 제한되어 있기 때문에 방송은 특정 개인이나 집단이 소유할 수 없는 공공의 소유물이라는 지배적인 인식이 존재한다. 국가마다 정도와 해석의 차이는 있을 수 있겠지만 방송은 공공재(公共財)로서 사회 전체의 이익, 즉 공익을 위해서 사용해야 한다는 사회적 합의가 도출되었다.

2. 시간성

　인쇄 매체가 공간에 의해서 제약을 받는다면 방송은 시간에 의해서 제약을 받는다고 할 수 있다. 방송 시간은 아무리 길어도 24시간을 초과할 수 없으며 어느 한 순간을 놓치면 그 내용을 다시 접하는 데 많은 어려움을 겪는다. 따라서 방송은 심층 보도나 논평 또는 세부적인 내용을 전달하는 데 제약이 있으며 기록성이 약하다. 반면 방송은 신속성, 동시성, 정확성 등을 장점으로 꼽을 수 있다.

3. 공적 성격

　방송은 사적으로 하는 커뮤니케이션 형태가 아니라 공개적·공공적·사회적 커뮤니케이션의 성격을 형성하고 있다. 따라서 방송에서 사용되는 언어는 그 사회의 표준어이면서도 누구나 이해할 수 있도록 쉽게 표현해야 하며, 방송의 내용과 메시지는 사회적 파급 효과를 고려해야 한다. 방송의 이러한 공적인 성격으로 인해 방송에 의해서 전달된 내용은 공신력을 갖추고 있는 것으로 간주되며, 방송에 등장하는 인물에게 특정한 지위를 부여하는 기능을 수행하기도 한다.

4. 강한 호소력

방송은 시청자가 속해 있는 주변 환경을 묘사해주며 이러한 주변 환경에서 발생하는 등장 인물간의 커뮤니케이션 행위와 일상생활에서 시청자가 겪는 커뮤니케이션 행위와 흡사한 분위기를 연출함으로써 시청자와 공감대를 형성하고 시청자가 프로그램 내용에 직접 참여하게 하는 효과를 발휘한다. 방송은 현실감이나 현장감을 표현하는데 있어서 다른 매체보다 월등하게 강력한 영향력을 갖고 있다. 심리적으로 내가 바로 그 현장을 목격하고 있으며, 그 현장에 참여하고 있다는 상황적 현실감을 강조하며 방송의 내러티브와 시청자의 심리 간 동일시 구조를 나타낸다.

5. 일상성

방송은 대중 속에서 '생활의 주류'나 '문화의 주류'를 이루고 있다는 평가를 받을 정도로 우리의 일상생활 속 깊은 곳까지 자리를 잡고 있다. 특히, 방송의 편성전략은 대체로 수용자의 생활 주기와 일상패턴 및 심리적인 부분까지 일치하는 경향이 많기 때문에 어느새 우리 일상생활의 한 부분으로 인식되고 있는 것이다.

6. 동시성

방송은 라디오 수신기나 텔레비전 수상기가 있어야 한다는 전제가 따르기는 하지만 공간적으로 분리되어 있는 수용자를 동시적으로 연결하여 동일한 내용을 동시에 접하거나 방송으로의 동시 참여를 가능하게 한다.

7. 동조성

방송내용은 그 사회가 추구하는 이데올로기나 관습, 문화 또는 규범 등을 반영하는 경향이 있다. 일반적으로 프로그램 속에서 묘사되는 도덕률이나 가치관, 생활양식과 같은 것은 중립적 내지는 중도적이며, 중간적 다수를 따르는 경향이 있다.

8. 일회성

일회성은 시간에 의해 제약을 받는 전파 매체가 갖는 공통적인 특성이다. 시청자가 프로그램이 방송되는 시간을 놓치게 되면 녹음이나 녹화라는 보조적인 수단을 동원하지 않으면 다시 접하기가 어렵다. 요즘의 개념으로 흔히 표현하자면, '본방사수'라고도 한다. 이 말은 재방송도 있음을 암시하지만, 여기서 언급하는 일회성이란 본방송뿐만 아니라 재방송의 범주도 포함시킨 전제라고 보면 이해하기 쉬울 것이다. 즉 특정 프로그램을 보고 듣기 위해서 시청자가 별도의 노력을 기울여야 하는 부담을 갖게 된다. 아무리 많은 투자와 노력을 기울인 프로그램이라 할지라도 그 시간적 측면의 수명은 매우 짧을 수밖에 없다. 이러한 일회성으로 인해 방송에서 전달하는 내용은 시청자가 비교적 쉽게 이해할 수 있도록 제작되어야 한다.

9. 화제성

방송은 대화에 필요한 아젠다(Agenda), 즉 화제를 제공하는 기능을 한다. 방송은 이러한 화제를 신속하고 끊임없이 공급하기 때문에 방송내용을 접한 사람은 그렇지 못한 사람보다 대화에 필요한 많은 정보를 갖고 대화를 주도하거나 적극적으로 참여하게 된다. 한편 방송내용을 듣거나 보지 못한 사람은 대화에서 소외되거나 소극적으로 참여하게 되는 경향이 있다.

10. 현실도피성

사람들은 일상생활에서의 속박이나 책임을 벗어나거나 갈등을 해소하기 위해서, 현실을 떠나 환상과 꿈의 세계인 가상의 세계를 찾으려 한다. 인간은 심리적으로 균형을 유지하려는 경향이 있는데, 방송이 사람들로 하여금 현실의 어려움을 피하고 방송으로부터 쾌락을 추구할 수 있도록 기회를 제공하는 것도 인간의 심리적 균형 유지 방법 중의 하나로 해석될 수 있다.

11. 대리만족성

사람들은 경제적, 윤리적 또는 법적이든 어떠한 이유일지는 몰라도 자신의 욕구를 제대로 충족시키지 못할 때도 있다. 그런데 시청자들은 현실 세계에서 충족되지 않는 이러한 욕구들을 방송을 통해서 충족시키는 경향이 두드러지게 보인다. 즉 자신이 현실의 세계에서 직접적으로 행하거나 경험하지 못한 것을 방송 프로그램 속의 인물과의 심리적 동일시를 통해 간접적으로 경험함으로써 해소하려는 경향이 있다.

12. 관찰학습

인간은 자극을 통한 반응이라는 단순하고 직접적인 관계를 통해서뿐만 아니라 관찰을 통한 간접적 모방으로도 쉽게 학습한다. 대부분의 인간행위는 타인의 행위를 관찰함으로써 새로운 행위가 어떻게 연출되는지를 학습하고 이는 곧 실제행위의 지표로 적용된다. 관찰을 통해서 사람들은 무엇보다도 판단경향, 언어의 표현법, 개념의 범위, 행위의 기준 등을 습득한다. 사람들은 텔레비전에 방영된 프로그램 속의 묘사한 인물을 통해서, 그들이 약간 또는 거의 부분적으로만 접촉할 수밖에 없는 또 다른 사회에 대한 이미지를 형성한다. 시청자들은 예전에 갖지 않았던 것을 새롭게 학습할 뿐만 아니라 이전에 관찰했던 것과 새로 관찰한 것을 서로 혼합하여 또 다른 새로운 유형의 행위를 만들어 낼 수도 있다.

13. 고정관념

방송은 시청자가 사물이나 현실의 세계를 이해하고 판단하는 데 있어서 중요한 근거(기준)로 작용한다.

방송은 시청자로 하여금 방송의 세계를 실제의 세계로 착각하게 만들기도 한다. 남녀 성별에 관련된 편견이나 직업에 대한 선호도 또는 인종적 편견 등도 이러한 고정 관념과 관련지어 설명할 수 있는 부분이다.

14. 묘사성

라디오(Radio)는 소리를 통해 시공간을 초월한 무한한 상상의 세계를 창출해 내는 특성을 갖는다. 텔레비전은 소리와 그림에 의해서 상상의 제한을 받기 때문에 화면을 통해 실제적인 현상만을 제시할 수 있는 제한점을 갖는다. 이에 반해 라디오는 소리에만 의존하기 때문에 스튜디오에서 산 속이나 육지와 멀리 떨어진 바다의 한가운데 또는 심지어 먼 우주공간 등 스튜디오 밖의 어떠한 세계도 만들어 낼 수 있는 능력을 갖고 있다. 텔레비전으로 제시되는 그림은 텔레비전 화면에 의해 제한을 받는 반면 라디오가 그리는 그림은 청취자의 마음에 의해서 결정된다.

2. 방송의 기능

1. 보도적 기능

방송의 가장 핵심적인 기능 중의 하나다. 방송도 하나의 언론기관으로서 여론형성의 강력한 수단이 되며 다른 언론매체와 같이 자유, 중립, 책임이라는 특성을 모두 지니고 있다. 이른바 '보도의 자유'와 함께 '중립'의 문제는 객관성의 문제와도 관련되어 있는데, 그 목적은 당연히 여론형성의 자유로운 보장에 있는 것이다. 중립성은 몰가치성을 의미하는 것이 아니라, 이른바 편견이 없는 객관성과 불편부당성을 의미하는 것이다. 그 구체적인 방법으로서 방송사설 또는 논평 프로그램이 허용되는 이유가 바로 여기에 있다. 방송은 속보성과 친근성, 현실성 때문에 보도적 기능에서 어떤 매스미디어보다도 우위를 차지하고 있다. 보도기능은 대중들의 정치에 대한 지식과 의식을 높여 정치 참여를 촉진시키기도 한다. 이런 의미에서 보면 보도기능은 민주주의의 발전,

특히, 매스 데모크라시와 중요한 관련을 갖게 된다. 급격한 환경의 변화와 복잡한 사회현상은 전문가의 자문과 원조를 빌리지 않고는 정확하게 이해하기 힘들기 때문에 해설과 평론 프로그램을 제작하여 정보의 전달역할을 하게 되는 것이다. 이러한 해설과 평론은 대중의 의견과 태도 즉, 여론형성에 크게 영향력을 행사하여 지도적 구실을 하게 된다.

2. 정치적 기능

방송은 정치적 이용가치가 아주 높은 매체이다. 방송을 통한 정치라는 방식에 의한 방송매체는 시대적 선택의 강력한 중재자로서 정치적 기능을 충실하게 수행하고 있다.

민주정치와 커뮤니케이션의 관계는 다원적인 미디어의 자율적인 활동이다. 이러한 의미에서 대통령, 국회의원 선거 시 각종 미디어는 중요한 역할을 담당하고 있다. 국회 의정활동에서 각 당 대표 연설의 생중계와 5공 비리·광주민주화 운동의 국회청문회 생중계 방송 등은 민주정치발전에 있어서 방송의 기능이 중대함을 강조해주는 대표적인 사례라 할 수 있다.

3. 경제적 기능

방송미디어의 경제적 기능은 오늘날 "자유시장경제의 꽃"이라고 불리는 광고를 시행하면서부터 시작되었다고 해석할 수 있다. 긍정적인 측면으로 분석한 자본주의 사회에서 광고는 시장경제의 대량생산과 대량소비의 유통체제 기능을 원활하게 해주는 수단으로 시장 경쟁력을 높이고 소비자 대중의 구매력을 자극하여 판매로 연계시키는 역할을 한다. 역기능적 측면은 광고는 기업의 집중을 촉진하며 신규 기업의 참여를 막고 자본의 집중을 가속화시켜 독점자본을 조성케 한다. 또한 상업화된 방송미디어에 의존하는 기업의 소비 촉진적인 상품광고의 만연은 수용자의 사행심과 사치풍조의 조장은 물론 구매충동과 자신의 현실적인 구매능력 사이의 모순에서 오는 박탈감으로 계층 간의 위화감을 조장하는 결과를 초래하기도 한다.

4. 사회적 기능

사회화는 어린 시절의 미성숙 단계에서 사회의 일원으로 기능할 수 있도록 적응해 가는 과정을 의미한다. 방송은 이러한 사회화의 중심매체로서 사회화의 환경을 지배하고 있다. 방송은 또 발전된 산업사회의 복지와 용역을 마련하여 활용하게 해주고, 1차적인 사회적 접촉들과 경험의 결여를 보완해주며, 일상적인 시간과 공간에 알맞은 행동을 가능하게 해주는 사회적 안내자의 역할을 하고 있다. 그리고 다원주의적 사회의 갈등현상을 규제·조정하는 기능도 갖고 있다.

5. 문화 예술적 기능

문화란 인간이 사회 속에서 창조적으로 행하는 정신행위의 과정이나 그 결과로 결정된 산물이다. 방송은 이 같은 창조된 문화의 학습, 전수 역할을 순환적으로 수행한다. 예술은 생물학적으로 또는 본능적으로 쾌락을 추구하는 인간들에게 정서적 해방이나 자기만족을 제공한다. TV의 드라마 같은 경우가 예술적 기능발휘의 대표적인 사례이다.

07 미디어 플랫폼

현대 사회의 미디어는 각각 다른 기능을 갖추고 있는 여러 매체들의 진화로 인해 다양한 공간으로 콘텐츠를 제공하고 있다. 이러한 진화의 핵심에는 디지털이라는 기술의 발전이 있었기에 가능한 것으로 해석되고 있다. 또한 아날로그에서 디지털로의 전환으로 이른바 매체의 융합(Convergence)이라는 미디어의 업그레이드를 실감케 하고 있다.

여기서 우리는 '미디어 플랫폼'이라는 매체의 의미를 알아야 할 것이며, 이 미디어 플랫폼의 진화는 어떻게 변화되어 가고 있는지, 또 이런 변화 속에서 대중들의 플랫폼 이용 패턴은 어떤 다양성을 띄고 있는지에 대한 논의와 해석이 분명히 필요할 것으로 판단된다.

미디어 플랫폼은 미디어 콘텐츠의 발전과 더불어 상생하고 있는 매체분야로서 앞서 언급한 디지털의 혁신적인 변화의 결과물로 인식되고 있으며 콘텐츠를 대중에게 제공하는 다양한 수신방식으로 자리 잡고 있다.

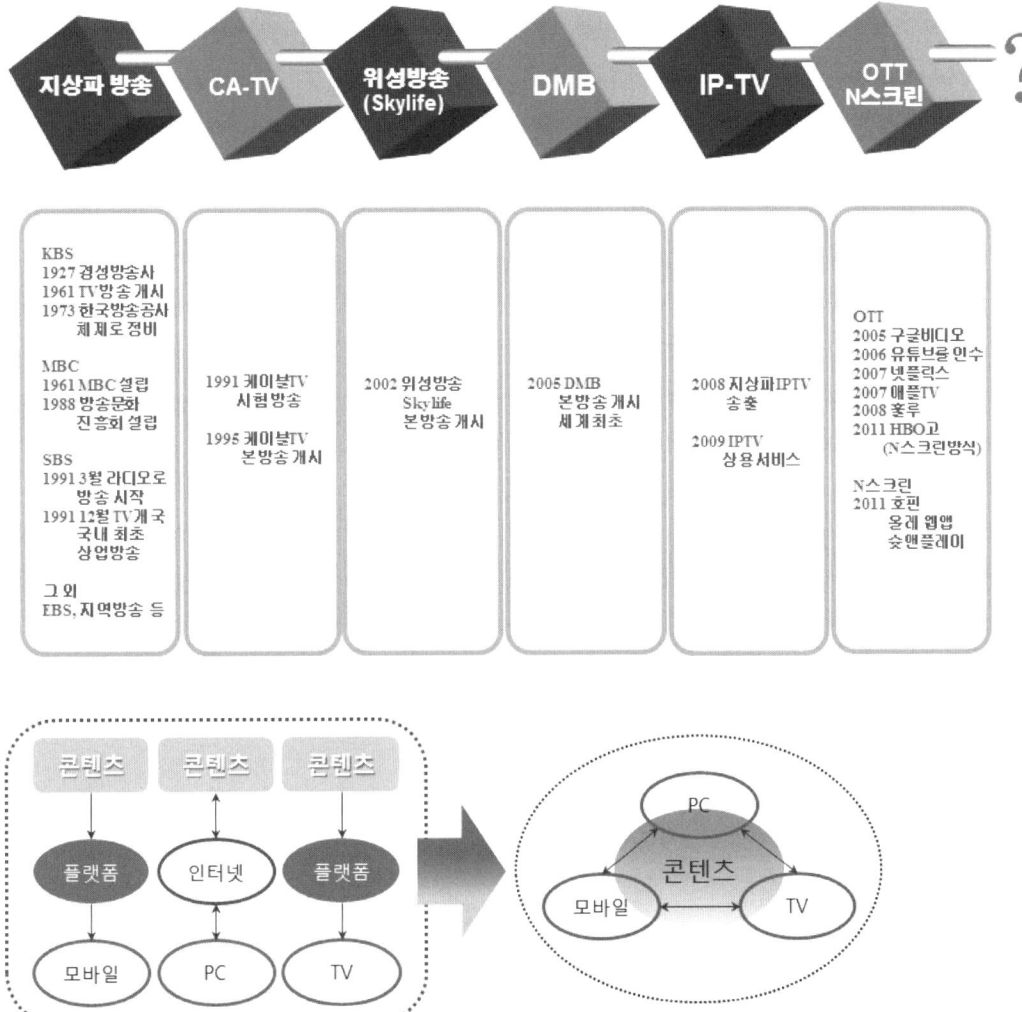

[미디어 산업의 구조 변화]

　그만큼 미디어 사회에서는 플랫폼의 다양한 방식이 중요하며, 현재뿐만 아니라 미래에서도 또 다른 형태의 미디어 플랫폼은 계속 개발될 것으로 전망된다.
　국내의 미디어 플랫폼은 변화하는 환경이 그 시기와 기술 발전과의 공존 모드로 적용되어 이제는 멀티 플랫폼으로 구축되어 있기 때문에 콘텐츠의 송출을 다양한 경로로 할 수 있다는 매력을 갖고 있다.

방송은 우리가 이미 알고 있듯이 많은 대중이 이용하고 있는 전파에 의한 안테나 수신의 형태로 TV를 시청하는 방식과 유선을 통해서 시청하는 방식의 통상적인 유형을 갖추고 있다. 즉, 지상파 방송이라는 전통적인 플랫폼을 시작으로 케이블TV, 위성방송, DMB, IP-TV 그리고 최근에 들어서는 OTT(Over The Top : 기존의 통신 및 방송 사업자 외에 인터넷을 통해 볼 수 있는 TV서비스)와 N스크린 등 많은 플랫폼이 개발되어 콘텐츠를 다양한 경로로 송출할 수 있게 되었으며, 대중은 이러한 멀티 플랫폼을 이용하여 자신이 원하는 콘텐츠를 쉽고 편하게 접할 수 있게 되었다.

또한 방송과 통신의 융합(Convergence)에 따른 방송 환경의 변화로 인해 대중이 실시간으로 방송에 개입하여 방송콘텐츠에 적극적으로 참여하는 방식으로 변모하게 되었는데, 이러한 형태의 방송을 이른바 '인터랙티브형(Interactive Type) 방송콘텐츠'라고 한다.

과거 90년대 초반까지만 해도 방송이 그저 제작자들이 시청자들에게 정보와 내용 그리고 메시지를 일방적으로 던져주는 전통적인 패시브(Passive) 형태를 고수했다면, 이제는 시청자가 단순한 수용자의 개념을 넘어서 능동적인 형태를 보이며 직접 참여하고 방송의 흐름에 대한 방향성을 제시하고 바꾸며 좀 더 밀접하게 그들과 소통하고 있는 형태로 변화하고 있는 것이다. 이는 좀 더 확대해석해 보면 일반 시청자가 매스미디어를 이용해 의사를 표현하는 방식의 하나로서 방송의 권리를 대중들에게 돌려주자는 운동의 일환인 이른바 '퍼블릭 액세스(Public access)'를 기반으로 하고 있는 것이다.

국내 방송환경의 변화

앞서 언급한 방송과 통신의 융합(Convergence)으로 인해 방송환경은 이용자(대중)가 실시간으로 방송에 참여하고 적극적으로 개입하는 형태로 변화되었다. 인터넷과 스마트폰의 빠른 변화에 맞춰 이용자들의 문화와 의식 또한 빠르게 변화하면서 과거에 흔히 볼 수 있었던 본방사수의 개념은 이제 VOD, IPTV, OTT 등의 고품질, 양방향 디지털 방송으로 원하는 시간에 볼 수 있는 환경으로 변모하였다. 즉, 미디어를 수동자적으로 이용하는 '수용자'라는 과거의 개념이 이제는 '이용자'라는 새로운 개념으로 탈바꿈되면서 능동적인 방송환경의 변화와 대중의 진화를 잘 보여주고 있는 것이다.

1. 지상파 방송

2012년 방송통신위원회의 실태조사에 의하면 지상파 방송의 사업자수는 KBS, MBC, EBS 등의 3개 공영방송사와 SBS 민영방송 그리고 라디오 방송사를 포함하여 전국에 총 52개의 사업자가 있다.

지상파 방송 사업자들은 케이블 방송과 IPTV 등 신규 사업자들의 경쟁에 맞서 성장 구조의 문제점을 보완하기 위해 기존에 보유하고 있는 인터넷 자회사를 이용하여 방송 콘텐츠의 OSMU(One Source Multi Use)를 실현하여 추가적인 수익구조를 창출해내고 있다.

또한 이제는 글로벌 포맷 비즈니스의 사업구조를 이용하여 콘텐츠 포맷을 해외로 수출하고 또 다른 수익 창구를 만들어 나가고 있다.

참고로 외국의 포맷 전문가들도 최근 들어 국내의 프로그램에 관심을 보이기 시작했다. 대표적인 사례를 보면, 2008년 서울에서 개최된 견본시에서 KBS방송 프로그램인 [도전 골든벨]이 해외 전문가들에게 많은 관심을 보였다. [도전 골든벨]은 특정 고등

학교 학생들의 집단 퀴즈풀이에서부터 시작하여 마지막 한 학생이 남는 순간까지 퀴즈는 계속 이루어지며, 마지막 퀴즈를 남은 한 학생이 풀게 되면 학생들 모두에게 특별한 혜택이 주어지는 퀴즈풀이 프로그램의 국내 대명사로서 손색이 없는 포맷을 자랑한다. 또한 마지막 한 학생의 퀴즈풀이에 모든 학생들과 선생님들이 집중하면서 그 순간만큼은 마치 2002년 한일월드컵에서 보여준 붉은 악마 응원단의 그것과 비교가 될 만큼 매우 강한 집중력을 보여준다. [도전 골든벨]이 집단 퀴즈풀이의 재미있는 심리구도를 이용한 국내의 웰메이드 프로그램으로 평가받고 있는 이유이기도 하다. 그러나 마지막 남은 한 학생에 부여된 지나친 심리적 책임감이라든지, 마지막 퀴즈를 풀었을 때 주어지는 전체적인 감동의 구조가 매우 한국적이기 때문에 서구인의 마인드와 입장에서 보게 되면 쉽게 이해되거나 용납되기 어려운 문제점도 드러나 한국인의 정서와 서구인의 정서에는 적지 않은 차이가 있음을 보여준 대표적인 사례이기도 하다.

2009년 칸의 견본시에서는 [인터뷰 게임]이 화제가 되었다. 일반인이 자기 주변의 인물들을 차례대로 인터뷰해 나간다는 방식이 매우 흥미롭고 실제성을 가진 접근법에서 많은 관심을 받게 되었다. 그리고 진행과정에서 보이는 출연자의 복잡미묘한 감정 변화가 매우 리얼한 상황을 연출하면서 새로운 장르의 인터뷰 프로그램으로 인식되었다. 물론, 국내에서는 크게 성공을 거두지는 못했으나, 이미 포맷 비즈니스를 전제로 시작한 프로그램 기획이었기에 국내의 포맷 비즈니스에 좋은 방향성을 제시하고 있다.

지상파 방송은 전파의 범위가 비교적 좁기 때문에 제한적인 방송사업자들만이 선정되어 방송 자원의 희소성을 가진다. 따라서 지상파 방송은 관련 법률에 의거하여 방송을 제작해야 하며, 국가로부터 부여받은 자격으로 인해 민영방송이라 할지라도 상업성을 드러낼 수 없고 공공성을 유지해야 한다.

2. 케이블 방송

1970년대 TV 난시청의 해소 목적으로 중계 유선방송이 출범한 이후 1995년 케이블 TV의 상용서비스가 개시되어 다채널의 유료방송이 도입되었다. 그리고 2005년 디지털 케이블TV 상용서비스와 양방향 데이터 방송이 시행되었으며, 2014년 3월의 통계에 의하면 90여개 방송국(SO: System Operator)과 180여개의 채널(PP: Program Provider)을 보유하고 있다.

현재 케이블 방송사업자는 시장지배력을 지닌 방송사업자(SO)와 KT와 같은 거대 통신사의 접이 지대에 위치하여 경쟁 중에 있으며, 최근에는 OTT(Over The Top) 업체의 등장으로 또 다른 형태의 경쟁 구도를 보여주고 있다. 이러한 상황에서 케이블 방송사업자들은 기존의 아날로그 방송 시청자들에게 디지털 전환을 위한 주변기기(셋톱박스 등)를 지원하면서 디지털 전환을 통한 보편적 서비스화를 추구하는 데에 중점을 두고 있으며, 스마트 콘텐츠의 제작 지원 및 서비스 품질의 최적화를 통해서 유료방송 시장의 성장 기반 확보와 기업의 투자 확대 그리고 신규 고용 창출에 많은 추진력을 보여 주고 있다.

3. 위성방송

위성방송은 위성에서 지상으로 송출하는 3~12GHz 대역의 신호를 위성 안테나로 수신해 1GHz대로 낮춘 후, 수신용 셋톱박스(방송 수신기)를 통해 영상과 음향이 TV에 구현되는 방식을 말한다. 여기서 셋톱박스는 안테나로부터 수신된 위성신호를 증폭하거나 잡음을 제거하는 등의 과정을 거친 후 영상과 음향을 TV에 전송하는 기능을 수행한다.

위성방송의 기술방식에는 SCN(Satelite Cable Network), DTH(Direct To Home), SMATV(Satelite Master Antenna Television) 방식 등이 있다. 위성방송 사업은 플랫폼 사업자가 위성체를 관리, 운영한다는 점에서 케이블 방송과 다르며, 방송채널 사업자는 케이블 방송과 거의 동일하다고 볼 수 있다.

위성방송은 2000년 3월에 제정된 통합방송법에 의해 방송위원회가 출범하면서부터 시작되었고, 현재 스카이라이프(Skylife)의 전신이 되고 있는 KDB(Korea Digital Broadcasting)가 2002년 3월 1일에 서비스를 시작한 이후 빠른 성장세를 보이고 있다. 위성방송의 경우에는 국내 케이블 방송 서비스가 시장의 확산을 어느 정도 달성한 이후에 동종계열 시장에 진입했지만 서비스 초기에 SBS, MBC 등 지상파 방송의 재전송 문제로 난관에 부딪히면서 경쟁 플랫폼 매체인 케이블 방송사에 비해 좋은 성과를 나타내지 못했다. 이와 더불어 기존의 MSO계열사인 PP사들이 위성방송보다는 기존의 케이블 방송사업자 위주로 사업을 전개하면서 온미디어(On-Media), 수퍼액션(SuperAction), 투니버스(Tooniverse), MTV, CJ미디어와 엠넷, 올리브(Olive) 등의 여러 핵심 MPP채널들이 위성방송에서 탈퇴했고, 이로 인해 서비스개시 초부터 위성방송은 양질의 콘텐츠 수급에 많은 문제점을 겪게 되었다.

이러한 어려움을 겪고 난 후, 스카이라이프(Skylife)는 방송 콘텐츠의 경쟁력 확보를 위해 2008년 4월부터 다채널 HD채널 서비스를 실시하였고, 2009년에는 IPTV와의 경쟁에서 차별화를 위해 다채널 HD채널 개수를 50개로 대폭 증가시켰다. 그 결과 이 시기에 위성방송 가입자의 70% 정도가 HD상품을 선택했을 정도로 HD채널에 대한 수요가 높았음을 알 수 있다. 이후 HD채널은 2012년까지 그 채널수가 급속도로 증가하게 되어 100여개 채널을 달성했으며, 이는 케이블 방송 사업자와의 비교에서 시장 내 경쟁우위를 차지할 수 있는 주요 요인으로 작용했다. 이로 인해 케이블 방송 사업자들은 방송의 전송 대역폭 확대에 대한 과도한 투자가 절실히 요구되었다. 인터넷 상품의 판매에 있어 유효 대역폭 사용에 제한이 있었고 기존 아날로그 가입자의 비중이 커 해당 서비스를 위해서는 많은 대역을 할당해야 했기 때문이다. 2009년에 스카이라이프(Skylife)는

IPTV의 약점인 실시간 채널의 부족을 보완하고, IPTV와 경쟁할 수 있는 양질의 VOD 콘텐츠를 확보하기 위해 KT와 제휴하여 결합서비스인 QTS(Qook TV Skylife)를 출시했다. 이는 단방향 서비스로서의 위성방송이 VOD 서비스가 불가능했기 때문에 선택한 대안인 동시에 해외의 위성방송 업자들도 많이 선택하는 방식이기도 했다. 스카이라이프(Skylife)는 최다 VOD와 최다 HD채널 서비스의 경쟁력을 바탕으로 2012년 9월까지 160만 명의 가입자를 유치할 정도로 빠른 속도의 성장세를 보여 왔다. 하지만 이러한 QTS와 같은 새로운 플랫폼 매체의 성장은 케이블 방송 사업자나 IPTV와 같은 기존의 경쟁 플랫폼 매체에게 가입자 감소라는 치명적인 위기로 이어지면서 이들 사이에 갈등을 겪고 있다. 한국케이블TV방송협회는 2011년 6월 QTS를 무허가 상품으로, KT를 전파법 등의 법률 위반을 근거로 형사 고발했으나 불기소 처분이 내려졌다. 그리고 최근에는 일명 '접시 없는 위성방송'이라 불리는 DCS(Dish Convergence Solution)에 대해서도 위성방송의 방송역무 침해 등을 이유로 신고서를 내는 등 방송 미디어 플랫폼 매체간의 견제와 갈등은 여전히 진행되고 있다.

4. IP-TV

IPTV(Internet protocol television)는 고속인터넷망을 이용한 광대역(Broadband) 연결 상에서 인터넷 프로토콜을 이용하여 이용자에게 디지털 TV 서비스를 제공하는 시스템을 말한다. VOD(주문형 비디오 : Video on demand)와 기존 웹에서 할 수 있었던 정보검색, 쇼핑, VoIP(Voice over internet protocol) 등과 같은 인터넷 서비스를 부가적으로 제공하면서 이용자와의 상호작용도 가능하게 구현되었다.

IPTV의 국내도입은 2005년 12월 27일부터 IPTV 시범 서비스(실시간 방송 제외)가 개시되면서부터라고 볼 수 있다. 그러나 IPTV를 방송으로 볼 것인가, 통신으로 볼 것인가에 대한 결론을 내리지 못한 상황에서 상용화를 위한 관련법을 마련하지 못한 채 KT가 우선적으로 시범 서비스를 시작한 것이다. 실시간 방송이 아닌 주문형 비디오(VOD) 위주로 방송을 서비스하는 경우라서 정식 IPTV라기보다는 이전단계라는 의미로서 'Pre-IPTV'라고도 했다.

2006년 국무조정실 산하 방송통신융합추진 위원회가 출범되고 2007년 국회 법사위를 거쳐서 IPTV법 및 동 시행령이 국회 본회의를 통과하면서 상용서비스의 제도적 근거를 마련한 후 하나TV(현 SK브로드밴드)가 D&P(Download & Play) 방식으로 VOD 서비스를 개시했다. 2008년엔 KT, SK브로드밴드, LG유플러스 등의 통신사업자 3사가 사업자로 선정되었고, 2009년에 본격적인 서비스를 실시하였다. 이 과정에서 다음커뮤니케이션과 셀런(Celrun)이 합작한 오픈 IPTV컨소시엄도 사업허가 신청을 했으나 재정항목에서 부적격 판정을 받아 사업권을 획득하는데 실패했다.

그동안 급격한 기술 발전으로 인해 서비스 매체간의 구분이 사라짐에 따라 서비스의 기반이 되는 네트워크를 이용해 사업자가 여러 디지털 매체를 서비스 할 수 있게 되면서 사업 영역의 수단으로 TPS(Triple Play Service)가 도입되었다. TPS란 초고속인터넷, 전화, 방송의 3가지 서비스를 단일 네트워크 또는 이종 네트워크를 이용해 제공하는 방송통신 융합형 서비스라고 볼 수 있다. 현재 각 IPTV 사업자들은 TPS 또는 TPS에 이동통신(모바일) 서비스를 포함한 QPS(Quarduple Play Service)를 위시한 각종 번들링(Bundling) 상품을 구성함으로써 패키지 형태의 합리적인 가격으로 대중(소비자)에게 서비스를 제공하고 있다.

그러나 번들링과 패키지 형태의 서비스를 낮은 결합상품 가격으로 소비자들에게 제공하면서 IPTV 사업자들은 기존 방송매체와의 경쟁에서 우위를 점할 수는 있었지만 과다한 가격의 출혈 경쟁으로 인해 ARPU(Average Revenue Per Unit, 가입자당 평균 수익)의 지속적인 하락을 초래하고 있다.

그리고 애플(Apple), 구글(Google), 삼성, LG 등의 글로벌 IT 업체들이 스마트TV 분야에 진출하면서 본격적인 콘텐츠 서비스 사업에 나서고 있고, 티빙(Tving), 푹(Pooq), 에브리온TV(everyonTV)와 같은 국내 OTT(Over The Top) 관련 기업체들도 N-스크린(N-Screen) 서비스 기술의 발달로 인해 방송 프로그램의 시청 서비스를 제공하면서 소비자는 서비스의 다양화와 고급화의 혜택을 얻고 있지만 IPTV 서비스 브랜드는 대책을 강구해야 할 시점에 이르렀다.

5. N스크린

N스크린이란 동일한 운영체계를 탑재한 단말기에서 공통된 콘텐츠를 언제 어디서나 끊김없이 이용할 수 있는 방송통신 융합서비스의 한 분야를 의미한다.

기존의 TV, PC, Mobile로 이어지던 '3-스크린' 시스템에서 스마트TV와 태블릿PC, 클라우딩 컴퓨팅 등 다양한 형태의 플랫폼을 기반으로 한 단말들이 등장하면서 N스크린 또는 멀티스크린이란 포괄적인 용어로 사용되고 있다. '3-스크린 플레이(3 Screen Play)' 란 서비스를 최초로 사용한 미국의 AT&T사는 2007년 모바일 동영상 서비스인 'AT&T Video Share' 서비스를 미국 160개 도시 전역에 개시하였고, 2008년에는 '2008 Master Tournament' 골프 경기를 AT&T U-verse와 Blueroom, AT&T U-verse OnTheGo, AT&T Broadband TV, Mobi TV 및 휴대단말까지 3-스크린 서비스를 제공했다.

그동안 3-스크린 플레이 서비스는 단말기의 사양이나 콘텐츠 확보, 스토리지 부족 등의 이유로 실질적인 서비스가 제공되지 못했으나 스마트폰의 성장과 스마트TV의 개

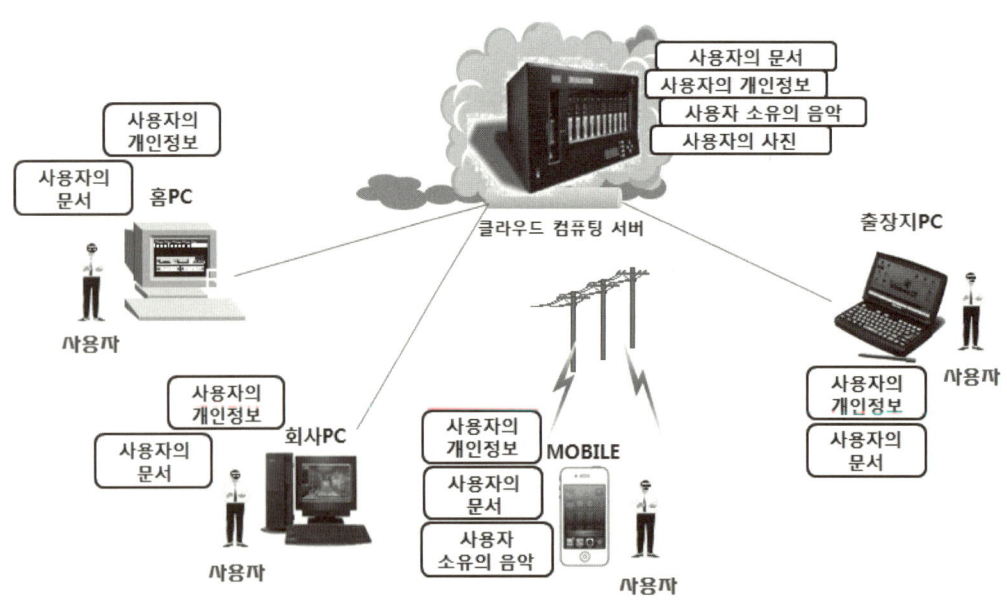

[클라우드 컴퓨팅과 N-스크린의 개념]

발, 클라우딩 컴퓨팅의 본격화 등 통신환경의 급속한 변화와 테크놀로지의 발전으로 갈증은 해소되고 있으며, 3-스크린 서비스는 더 다양한 단말로의 범위가 확대된 N-스크린 서비스로 진화하면서 실질적인 서비스가 실현되고 있다.

특히 애플은 자사 고유의 OS인 i-Tunes와 앱스토어를 Mac PC, iPOD, iPhone, iPad, 애플TV 등의 단말에 탑재하고 음반, 전자책 등의 다양한 콘텐츠를 연계하여 N-스크린 서비스 전략을 구사하고 있으며, MobileMe라는 클라우딩 서비스를 활용하여 이용자의 콘텐츠를 다양한 스크린을 통해 끊김없이 이용할 수 있는 환경을 제공하고 있다.

구글도 개방형 OS인 안드로이드, 크롬 브라우서가 탑재된 각종 단말기를 통해 웹기반의 검색을 중심으로 메일, 위치정보, 음성, 영상, 출판, 소프트웨어, SNS 등 다양한 서비스를 제공하고 있다.

국내의 경우 삼성전자가 이미 위젯기반의 Connected TV 시장에 진출하여 서비스를 제공하고 있으며 삼성앱스를 통해 구입한 콘텐츠를 삼성 스마트TV, 갤럭시 스마트폰, 갤럭시탭 등에서 끊김없이 이용할 수 있는 N스크린 전략을 펼치고 있다.

2010년에는 스마트TV에 자체 OS인 Bada를 탑재하고 대화면, 3D 등의 TV 고급화와 연동하여 N-스크린 서비스를 실시중이다.

6. OTT

OTT(Over The Top)는 흔히 인터넷을 통해 볼 수 있는 TV 서비스를 말한다. OTT는 전파나 케이블이 아닌 범용 인터넷망(Public internet)으로 영상 콘텐츠를 제공하는 것이다.

'Top'은 좁은 의미로 TV에 연결되는 셋톱박스를 뜻하지만, 넓게는 셋톱박스의 유무를 떠나서 인터넷 기반의 동영상 서비스 모두를 포괄하는 의미로 말하기도 한다.

OTT 서비스는 수요적, 상업적, 기술적 요인들에 의해 등장했다고 볼 수 있다. 기본적으로 스트리밍 기술이 발전함에 따라서 대용량의 미디어 콘텐츠를 이용자에게 쉽고 빠르게 전달할 수 있게 되었다. 또한 네트워크 기술과 스마트폰, 태블릿PC와 같은 스마트 디바이스의 발전도 OTT 서비스의 발전에 크게 기여했다.

국내 스마트폰 보급률은 전 세계 1위로 거의 모든 국민이 스마트 디바이스를 보유하고 있다고 볼 수 있다. 최근엔 태블릿 PC나 스마트폰의 스크린 크기, 화면의 화질 등이 미디어 콘텐츠를 실시간으로 시청하기에 더욱 적합해지면서 이러한 스마트 디바이스를 통해서 미디어 콘텐츠를 소비하려는 이용자의 욕구는 더욱 증가추세다. 그리고 Wi-Fi망이 각종 시설 및 기관뿐만 아니라 지하철과 같은 대중교통에도 구축되면서 소비자들은 통신사들이 구축해 놓은 3G, LTE, LTE-5G 등의 네트워크와 더불어 Wi-Fi망을 통해서 시간과 장소에 제약 없이 OTT서비스를 편리하게 이용할 수 있게 되었다.

수요적 요인으로는 이용자들의 미디어 이용행태에 대한 변화를 언급할 수 있다.

IPTV나 지상파 방송, 케이블 방송, 위성방송과 같은 기존의 미디어 매체들이 제공하지 않는 미디어 콘텐츠를 OTT가 제공하면서 이용자들은 개인이 원하는 콘텐츠를 기존

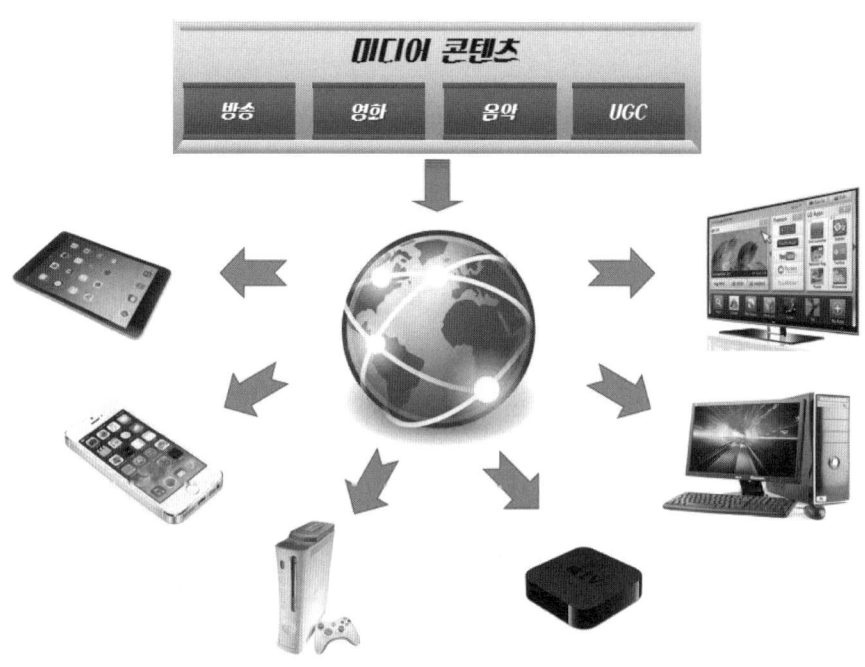

[OTT의 개념]

의 미디어 매체들보다 비교적 저렴한 가격에 개인용 매체에서 이용할 수 있게 되었다. 자신의 생활패턴과 취향에 맞춰 언제든지 마음대로 원하는 콘텐츠를 이용하고자 하는 욕구를 OTT가 충족시켜 주고 있는 것이다.

상업적 요인으로는, 아무리 이용자의 니즈(Needs)를 충족시켜줄 수 있는 기술력이 존재한다 하더라도 상업적 이익을 발생시키지 못한다면 서비스의 상용화는 실현되지 않는다. 하지만 기본적으로 OTT 서비스는 상대적으로 낮은 진입장벽을 갖추고 있다. 특별한 규제가 없고, 초기 투자금의 낮은 부담감 때문에 상대적 경제성을 갖추고 있으며, 인터넷망을 이용하여 서비스를 제공하기 때문에 별도의 네트워크를 구축하지 않아도 되는 비용절감의 효과가 가능했다.

하지만 이러한 여러 긍정적 요인에도 불구하고 OTT 사업자들은 수익창출에 어려움을 겪고 있다. 그 원인으로 몇 가지를 예측해 볼 수 있는데, 우선 그동안 이용자들은 미디어 콘텐츠를 유료가 아닌 주로 무료로 이용해 오면서 OTT 서비스의 유료화 정책에 대한 적지 않은 거부반응이 존재한다는 점이다.

또한 최근의 몇 년간 미디어환경과 미디어 이용형태가 급속하게 변화하고 있지만, 아직까지는 젊은 계층을 제외한 대다수의 연령층은 TV를 중심으로 미디어를 이용하고 있다는 사실이 뚜렷하게 존재한다. 마지막으로 과도한 경쟁을 원인으로 예측할 수 있는데, 기존의 방송 및 통신 사업자들도 OTT 서비스를 개시하면서 OTT 사용 인구에 비해 상대적으로 사업자수가 많기 때문에 과다경쟁이 발생한다는 것이다.

이러한 여러 요인으로 아직까지는 OTT 사업자들이 많은 어려움을 겪고 있지만, 분명한 건 미디어의 기술 발전과 더불어 플랫폼의 진화는 필수적이며, 대세의 흐름에 템포를 맞춰가는 플랫폼의 구도는 계속 발전해 나갈 것이라는 점이다.

08 방송통신 산업구조와 프로그램 제작

　방송은 제작자의 생각과 의도를 다수의 대중에게 전달하고 공감대를 형성하는 대중 커뮤니케이션의 한 수단이라고 볼 수 있다. 각 방송사마다 쏟아져 나오는 프로그램들 중에서 대중들은 자신의 취향과 기호성에 맞게 선택하고 시청하면서 프로그램의 이데올로기와 자신의 주관성을 동일시하는 성향을 보여주고 있다. 이처럼 방송 프로그램이란 대중의 문화와 의식을 변화시키고 시대의 흐름을 반영하는 중요한 매체로서 그 자리매김을 확고히 굳혀가고 있다.

　프로그램(영어 'Program', 독일어 'Programm', 프랑스어 'Pro-grmme')의 어원은 고대 희랍어의 'Programma(공적 발표문)'에서 유래됐으며, 그 의미는 계획, 순서, 목록, 예정표 등으로 표현되었다. 즉, 방송은 Who-누구에게(대상자), What-무엇을(내용, 메시지), When-언제(시간), How-어떻게(형식), How long-얼마나(시간, 양)의 기본적인 구조체계로 이루어져 있다. 이 중에서 '무엇을' 즉, 내용(메시지)에 초점을 맞춘 것이 프로그램이다. 프로그램은 앞서 언급했듯이 방송 커뮤니케이션의 중요한 메시지를 말하고 있으며, 이 메시지를 전달함으로써 대중의 의식과 문화의 흐름을 변화시키는 역할을 동반하고 있다.

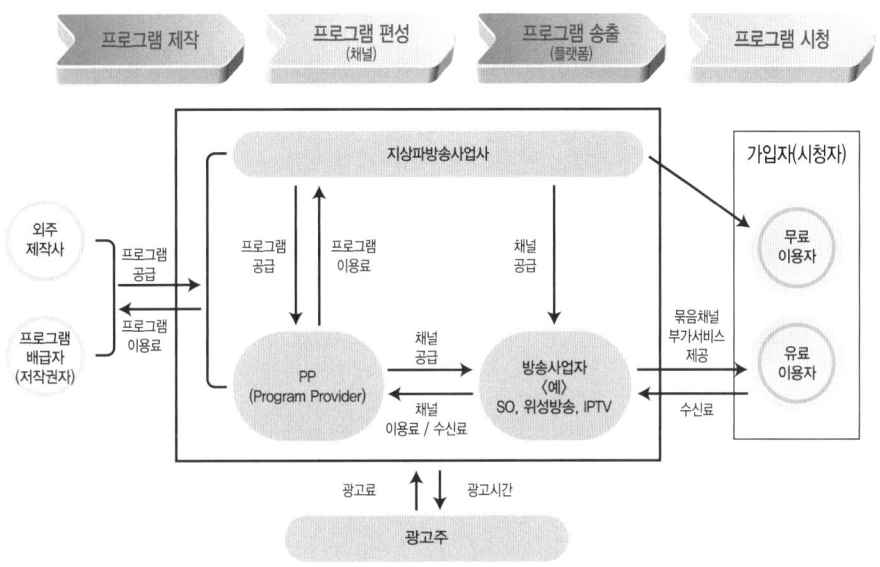

방송통신산업의 기본 구조 [출처 : 2009년도 방송시장 경쟁시장평가 재구성]

현 시점에서의 방송은 이제 방송과 통신의 융합(Conver-gence)을 통해 변화를 추구하는 흐름을 갖추고 있으며, 현재 많은 부분에서 방송과 통신의 융합은 상당부분 성과를 보이고 있다. 또한 방송과 통신의 융합으로 인한 방송통신산업의 기본 구조도 기존의 분할된 모습이 통합구조의 시스템으로 변화하면서 미디어의 매체경제학적인 산업구조로서 재편되고 있다.

방송 프로그램의 제작방식은 크게 스튜디오 제작과 야외 로케이션 제작으로 구분할 수 있다. 스튜디오 제작은 방송사내에 설치된 방송 스튜디오에서 제작이 이루어지는 과정을 말하고, 야외 로케이션 제작은 스튜디오가 아닌 야외 현지촬영을 통해서 제작이 이루어지는 과정을 의미한다. 이 두 가지의 제작방식은 방송 프로그램의 성격과 제작형태에 따라 구분되며 제작과정에 있어 약간의 상이한 차이점이 있지만, 전체적인 틀에서 보면 유사한 점이 많다.

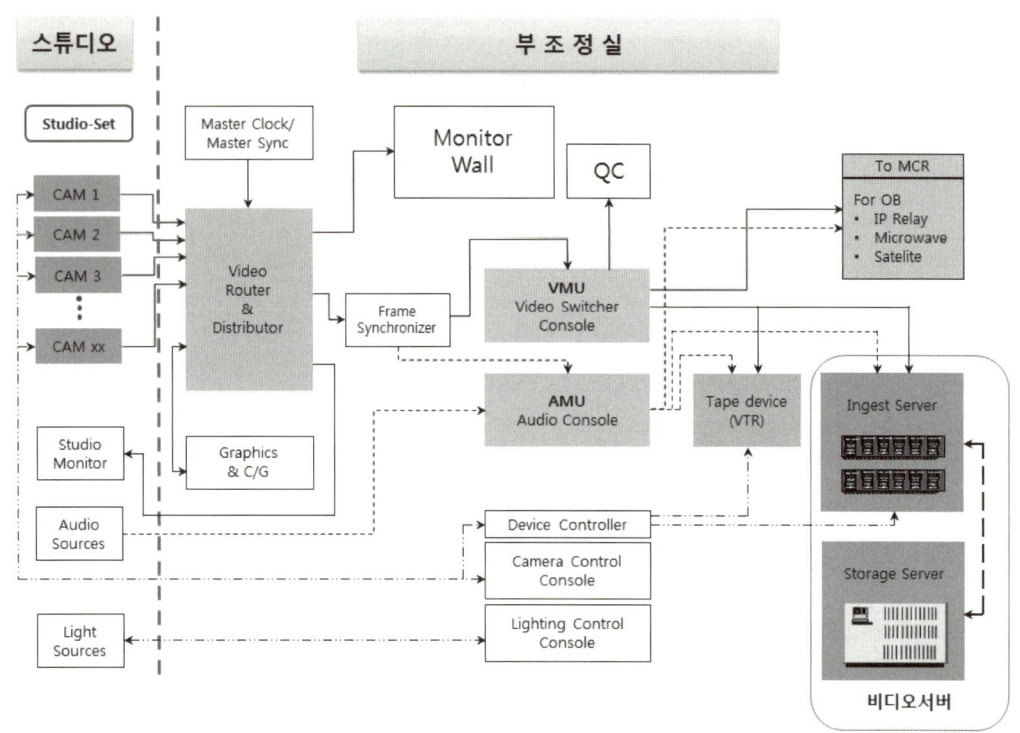

TV스튜디오 프로그램 제작 및 송출 과정

 **방송 프로그램의 제작과정**

1. 프리 프로덕션(기획 단계)

프리 프로덕션 즉, 기획 단계는 방송 프로그램을 제작하기 위한 최초의 아이템을 기획하고 개발하는 단계로서 제작하고자 하는 프로그램의 목적과 성격, 방향성 그리고 메시지를 전달하기 위한 전략을 명확하게 구성해 나가는 과정을 의미한다. 따라서 이 기획단계는 프로그램 제작에서 가장 중요한 부분으로 평가되고 있다. 프로그램을 제작해 매주 또는 매회 방송을 송출하기 위해서는 항상 새로움을 추구해야 할 의무성을 가진다. 방송이 지루하거나 아이디어의 고갈로 인한 식상함 또는 진부한 내용으로 인해 시청률의 하락을 맛보게 된다면 이는 제작자들의 치명적인 핸디캡으로 적용될 뿐 아니라 최악의 경우엔 '프로그램의 폐지'라는 수순을 밟게 된다. 그렇기 때문에 프로그램의 총괄책임자인 CP(Chief Producer)와 제작의 메인 PD에 의해서 기획제작회의가 진행된다. 또한 기획제작회의를 통한 AD와 작가들의 신선하고 새로운 아이디어를 토대로 프로그램의 기획 및 구성이 갖추어지게 되고, 기획의도가 내재된 구성안과 작성된 대본을 토대로 영상 및 오디오 프로그램을 제작하기 위한 구체적인 실행방식을 모색하게 된다.

기획이 이루어진 이후에는 촬영 준비단계의 과정을 거치게 된다. 여기서 프리 프로덕션 과정은 출연진의 섭외와 선정(캐스팅)을 하고 제작 스태프를 구성하며 촬영장소의 선택, 구성 대본 그리고 촬영의 규모에 따라 의상과 메이크업, 무대세트 디자인 등의 미술작업 등이 포함된다.

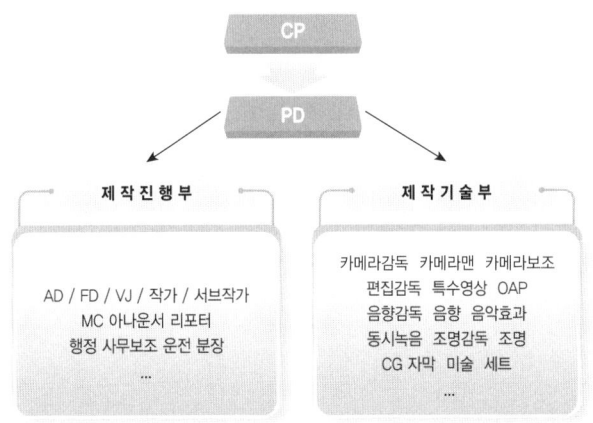

1. 캐스팅

프로그램의 성격에 적합한 인물을 선정하는 과정으로 출연자의 이미지와 대외 인지도 등을 고려해야 한다. 스타급 출연자의 캐스팅은 전체 제작비용에 절대적인 영향을 주기 때문에 매우 신중을 기해야 한다.

2. 제작 스태프 구성

방송 프로그램은 다양한 예술적 요소들이 결합되는 영상이므로 그에 따른 필요 부분이 많고 인력 또한 제작규모에 비례적인 관계를 갖는다. 무엇보다 한 컷 한 컷이 모여서 영상이 만들어지기 때문에 전문 인력들의 배치 또한 매우 중요한 요소이다. 이 단계에서 결정되는 제작진에는 촬영, 조명, 미술, 사운드 녹음 등의 프로덕션 전문가뿐만 아니라 편집, CG, 특수효과, 음악, 사운드 믹싱 등의 포스트 프로덕션 전문가까지 전체적인 전문 스태프들이 모두 포함된다.

프로그램 제작이 제대로 진행되기 위해서 PD와 각 파트의 감독들은 제작 전에 사전협의와 상호간 커뮤니케이션 체계가 원활히 이루어져야 하며 각 감독들의 예술적인 사항까지 면밀하게 파악해야 하는 협의과정이 필수이므로, 그 준비기간은 상대적으로 많이 필요하게 된다.

3. 촬영장소 선택

일반적으로 촬영이 이루어지는 장소는 스튜디오, 야외 로케이션이 있다. 여기서 야외 로케이션 촬영장소를 결정하는 과정을 촬영장소 선택 또는 장소 헌팅이라고 한다. 촬영 장소는 구성 대본의 시나리오에 알맞은 공간적 특성을 고려해야 하며, 촬영 여건이 적합한지에 대한 부분도 충분히 고려해야 한다. 여기서 촬영감독은 장소의 입지조건과 광선 조건 그리고 현장의 분위기와 적절하게 사용될 수 있는 소품 등 부대시설의 확보를 미술 감독과 조율하게 된다.

또한 촬영장소와 매치되는 출연진의 의상 콘셉트 및 부대시설을 이용한 카메라 앵글에 비춰지는 미적 요소들의 배치, 규모에 따라서는 무대세트의 디자인 등을 미술감독이 사전에 기획하고 PD와 조율하는 과정을 갖는다.

2. 프로덕션(제작 단계)

프로덕션은 프리 프로덕션 과정에서 구성된 콘셉트를 기반으로 한 기획안과 구성 대본 등을 토대로 본격적인 방송제작단계에 들어가는 과정이다. 즉, 기획안과 구성 대본의 방향성을 숙지하고 생방송 촬영 및 녹화 촬영을 하게 된다.

일반적으로 기획회의에서 정해진 프로그램의 콘셉트와 대본이 충실하게 표현될 수 있도록 출연자들이 연기하는 단계로서 사전에 치밀하게 구성된 카메라 위치와 촬영 방식을 통해서 촬영이 이루어진다. 자칫 PD의 연출 의도와 다르게 촬영이 진행된다면 프로그램의 전체적인 문제점을 발생시킬 수 있기 때문에 PD와 촬영감독은 촬영을 진행하는 내내 수시로 상호 조율해가며 의도에 맞는 영상을 만들어가야 한다. 그러므로 프로덕션 단계는 프로그램의 제작의 핵심단계라고 할 수 있다. 그만큼 프로덕션 단계에서 제작 스텝들은 자신의 임무를 수행하기 위해 일사분란하게 움직이며 촬영하는 순간순간을 매우 중요하게 인지하고 있다.

촬영하는 과정에 있어 촬영장소가 부적합하거나 출연자들의 NG, 촬영의 기술적 결함 등이 발생할 경우, 이에 대한 제작비용의 많은 출혈 또한 감당해야 하기에 제작사의 입장에서는 이러한 리스크에 대한 대비책을 늘 고심하고 있다.

1. 미술

미술은 방송 프로그램에서 생각보다 많은 영역을 차지하고 있다. 무대세트, 소품, 의상, 메이크업 등의 전반적인 디자인과 영상의 색채까지 관련지어 임무를 수행하는 파트로서 프로그램의 영상미에 매우 중요한 역할을 담당한다.

2. 촬영

프로덕션 단계의 핵심이라고 볼 수 있다. 카메라를 통해서 영상이 기록되고, 영상결과물에 따라서 PD와 출연자들뿐만 아니라 모든 제작진이 만족과 고통의 경계선을 넘나들게 된다. 카메라를 비롯한 부수적인 장치들을 관할하고 운영하는 전문가가 바로 촬영감독이며, 그는 촬영현장에서 가장 역동적인 역할을 수행한다. 촬영감독의 촬영스

킬은 그 프로그램의 작품성을 평가하는 핵심적인 틀을 담당하기 때문에 방송의 핵심분야 중 하나라고 볼 수 있다.

3. 조명

조명은 인물과 배경의 명료함과 섬세함 그리고 카메라 앵글에 담겨지는 미적 감각을 부각시키기 위한 장치로서 촬영감독과 조명감독은 같은 공간에서 함께 임무를 수행하는 관계로 인식된다. 최근에는 기술력의 발달로 영상이 초고화질로 진화하면서 조명의 역할이 한층 더 부각되고 있다. 그만큼 조명 부문에서 사용하는 장비의 종류가 가장 많고 다양하며, 영상기술의 발달에 따른 콤팩트한 고효율의 조명 장비들이 출연하면서 예전보다 훨씬 더 효율적인 작업이 가능해졌다.

4. 진행, 연기

촬영이 진행되면서 가장 두드러지게 부각되는 그룹은 바로 출연자들이다. 이들은 카메라의 앵글 안에서 이루어지는 모든 역할을 출연자들의 진행과 연기에 맡기게 되며 영상 작품으로서의 가치와 신뢰를 이끌어내는 중요한 역할을 담당한다. 그래서 이들에게는 '앵글 속의 연출자'라는 명칭을 부여하기도 한다. 이는 PD의 연출 의도를 상세히 설명해 주더라도 출연자들이 의도에 맞게 진행 및 연기를 하지 못할 경우 프로그램의 전체적인 가치저하를 야기시킬 수 있음을 암시하는 의미이다. 따라서 PD와 출연자는 서로의 의견을 존중하면서 제작단계에서 표현할 수 있는 최대의 효과를 도출해내는 것이 주된 목적이다.

5. 동시녹음

동시녹음은 방송 프로그램의 제작단계 중 사운드 분야에서 이루어지는 가장 첫 단계로 볼 수 있다. 미디어 제작과정을 분석해보면 흔히 여러 파트에서 '원판 불변의 법칙'이라는 표현을 자주 사용하게 된다. 그 중에서도 사운드는 이 법칙에 가장 밀접하게 적용되는 분야이다. 프로덕션 단계인 현지촬영에서 동시에 이루어지는 동시녹음은 이후의 포스트 프로덕션 단계에서 이루어지는 사운드 포스트 작업에 가장 많은 영향을 끼친다.

동시녹음은 프로덕션 과정에서 영상촬영 못지않게 중요한 역할을 한다. 동시녹음감독은 마이크를 통해 들어오는 현장의 소리를 녹음하는 임무를 수행하는데, 이 과정에서 현장의 소리를 최대한 적정 음압레벨로 녹음해야 하며 순도 높은 소리를 녹음해야 한다. 따라서 동시녹음 작업 시에는 동시녹음기사와 붐 오퍼레이터가 투입되어야 하므로 최소 2명 이상이 동시녹음에 참여하게 된다. 현장에서 녹음되는 대사와 현장 효과음(Ambience)들은 멀티트랙 레코더에 녹음하게 되며, 사용가능 오디오와 사용불가능 오디오를 구별하는 1차적인 가공과정을 거치게 된다.

3. 포스트 프로덕션 (편집 및 사후제작)

포스트 프로덕션은 일반적으로 프로덕션(제작) 단계에서 촬영된 영상 녹화분을 바탕으로 방송 송출용 완성본을 제작하는 작업이 이루어지는 단계이다. 이 단계에서는 촬영된 영상을 PD의 기획 및 연출 의도에 맞게 영상 편집과 후반 사운드 편집을 하는 과정으로 작품의 퀄리티를 본격적으로 향상시키는 과정이기 때문에 후반작업에 투입되는 각 분야 전문가의 작업손길이 그 누구보다 중요하게 적용되는 시점이다.

과거 후반작업 과정은 선형편집(Linear-Editing)의 방식으로, 이는 방송의 처음부터 끝까지 미리 정한 순서대로 영상과 음향을 선택하여 배열 및 수정하는 어셈블 프로세스(Assemble-Process) 방식으로 이해할 수 있다. 따라서 선형편집의 과정에서 무엇보다 중요한 것은 타임코드(Timecode : 흔히 'TC'라고 불림)를 잘 기억해두어야 한다는 것이다. PD와 편집감독 그리고 음향감독 및 사운드 디자이너, 음악감독 등 후반 작업을 담당하는 전문가들은 편집과정에서 발생되는 컷 편집 및 효과, 인서트 작업 등의 여러 공정을 수행하기 위해서 서로간의 작업 커뮤니케이션에 필요한 TC를 인지하고 해당 TC에서 발생하는 작업을 동시에 수행하게 된다. 이러한 작업과정을 거쳐야 하는 것이 선형편집의 대표적인 방식이기 때문에 과거의 PD들은 자신의 머릿속에 방송의 흐름을 잘 파악하고 있어야 편집작업이 원활하게 이루어질 수 있는 것이다.

선형편집 작업과정은 주로 필름이나 방송용 비디오테이프를 사용해서 작업을 진행하고 시간에 대해서 순차적인 편집과정을 거치기 때문에 작업이 완료된 마스터 테이프에 장면을 삽입하거나 삭제할 수는 없다. 예를 들어, RT(Running Time) 1시간 프로그램에서 30분 정도에 인서트 컷(Insert Cut)이 필요하다면 선형편집은 30분부터 다시 편집해야 하는 과정이 필요하다.

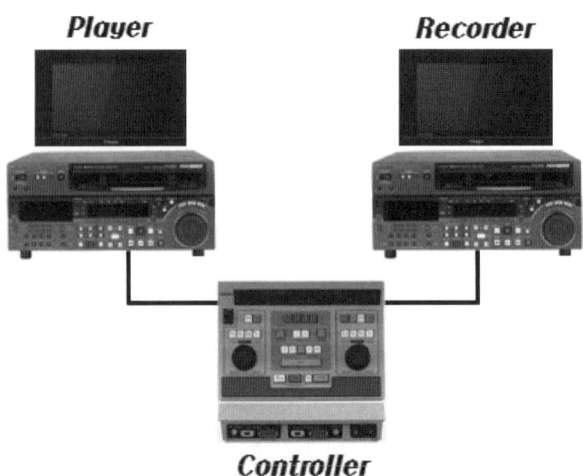

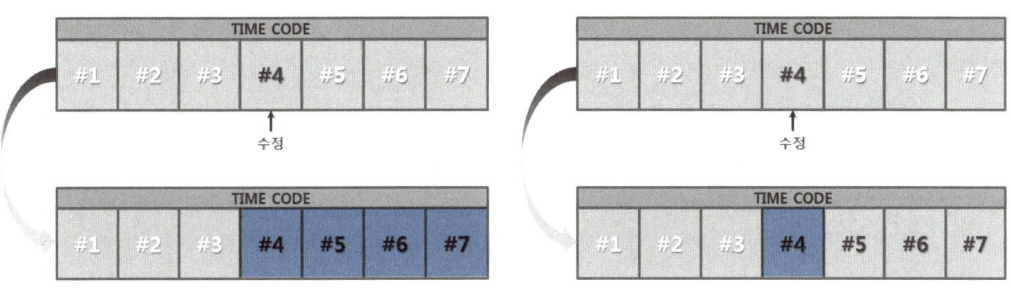

Linear Editing System   Non-Linear Editing System

　물론 RT에는 영향을 주지 않고 단순 컷 편집만 들어가게 된다면 문제되지 않는다. 그러나 전체적인 RT에 영향을 주게 되는 인서트 편집이라면 해당 편집지점에서부터 다시 편집해 나가야 한다는 것이다. 이러한 편집의 번거로움과 그 밖의 편집에 있어 좀 더 편리함을 추구하기 위해서 비선형편집(Non Linear-Editind)이라는 방식이 도입되었다.
　비선형편집은 흔히 랜덤 액세스 편집 방식으로 컷의 순서와 위치에 상관없이 PD와 편집자들의 의도에 맞게 자유롭게 영상을 삽입하는 방식을 의미한다.

　기존의 선형편집에 필요한 VCR 데크가 최소한 Player와 Recorder 등의 2대 이상이 필요하다면 비선형편집은 Tapeless 방식으로 비디오테이프가 아닌 영상 및 오디오를 파일 기반으로 형성하여 편집작업용 PC에 설치된 편집 툴(Editing-Tool)을 이용한 방식이다. 여기에 필요한 편집 툴(Editing-Tool)은 여러 가지 프로그램이 있는데, 대표적인 프로그램으로는 프리미어(Premierre), 파이널컷(Final-Cut), 에디우스(Edius), 베가스(Vegas) 등이 있다. 이 프로그램들은 약간의 상이한 편집방식을 가지지만, 전체적인 틀로 해석한다면 비선형편집의 굴레에 있어 가장 대중적인 프로그램들이라고 볼 수 있다.

후반 영상편집 과정에서는 위와 같은 프로그램을 이용하여 1차 편집에서 영상종합편집까지 작업과정이 이루어지며 그 밖에 색 보정, CG와 자막, 특수효과 등의 특수제작 과정이 거치면서 영상에 대한 완성본을 제작하게 된다.

사운드 후반작업은 영상편집이 완료된 완성본에 방송용으로 송출할 수 있는 깔끔한 사운드를 구현하는 작업과정이라고 볼 수 있다. 이 과정은 무엇보다도 필자가 집필하고 있는 궁극적인 내용을 얘기하는 단계로서, 방송음악과 음향에 관련된 대부분의 사항들이 여기서 집중적으로 거론되는 시점으로 봐야할 것이다.

사운드 후반작업은 방송제작과정에서 포스트 프로덕션의 가장 마지막 단계로서 완성된 영상에 현장음(Ambience - 흔히 S.O.V.(Sound of Venue)라고도 함), 현장대사 또는 진행멘트 등의 디제시스 사운드(Diegesis Sound : 내재적 사운드)와 음악(BGM : Back Ground Music), 내레이션(Narration), 이펙트(Effect), 폴리(Foley), 스페셜 사

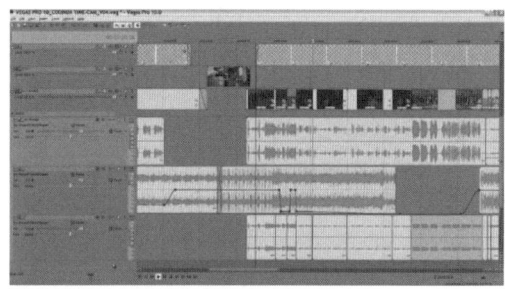

운드(Special Sound 또는 Virtual Sound) 등의 논디제시스 사운드(Non-Diegesis Sound : 외재적 사운드)의 결합이며, 이와 같은 다양한 사운드의 적절한 배합과 조정이라고 해석할 수 있다.

즉, 현장음(SOV)과 현장대사 등의 사운드 소스를 적절하게 배열하는 사운드 후반작업을 거쳐 마무리 된 영상에 각 상황이나 분위기에 적합한 음악(BGM), 이펙트(Effect) 등을 삽입하여 영상의 극적변화에 심리적인 효과를 배가시킬 수 있도록 사운드를 연출하게 된다.

위와 같은 순차적인 작업 단계를 거쳐 하나의 방송 프로그램이 탄생되며, 영상과 오디오의 작품 완성도를 위한 후반작업을 담당하고 제작하는 과정을 포스트 프로덕션 과정이라고 한다.

방송 프로그램의 제작과정은 이렇게 3단계의 과정을 거쳐 마지막 송출단계를 통해 대중(시청자)에게 최종적으로 전달된다. 이러한 일련의 과정에서 어느 한 분야라도 소홀하거나 작업이 원활하게 이루어지지 않을 경우, 방송의 책임을 다하지 못한 '방송사고' 결과를 초래하므로, 각 분야 전문가들은 방송에 대한 책임감을 항상 염두에 두고 작업에 임한다.

여담을 잠시 꺼내보면, 방송분야에 종사하고 있는 선배들이 그토록 재촉하면서 엄하게 후배들을 가르치고 있는 이유는 무엇 때문일까? 필자 역시 선배들에게 무척 혼나면서 방송제작에 투입됐던 시기가 있었다. 왜 그토록 무섭게 후배들을 가르쳤을까 하는 의구심에 대해 나름 해석을 해보면, 아마 '방송사고' 때문일 것이다. 과거 선배시절에 제작했던 방송의 사고횟수는 최근 방송사고 횟수보다 월등하게 낮았다고 본다. 물론 현재 방송종사자 대부분의 전문가들이 다 그렇다는 것은 아니다. 과거에 비해 현재의 방송제작에 크고 작은 방송사고가 빈번하게 벌어지고 있는 게 사실이며 그 원인의 대부분에는 경력이 아직 많지 않은 젊은 제작인력으로부터 발생되는 횟수가 지배적이라고 보면 이해하기 쉬울 것이다. 이는 일부 극소수의 방송을 두고 거론하는 것이지, 국내 방송 제작스태프 전체를 비판하는 것이 아님을 분명히 명시한다.

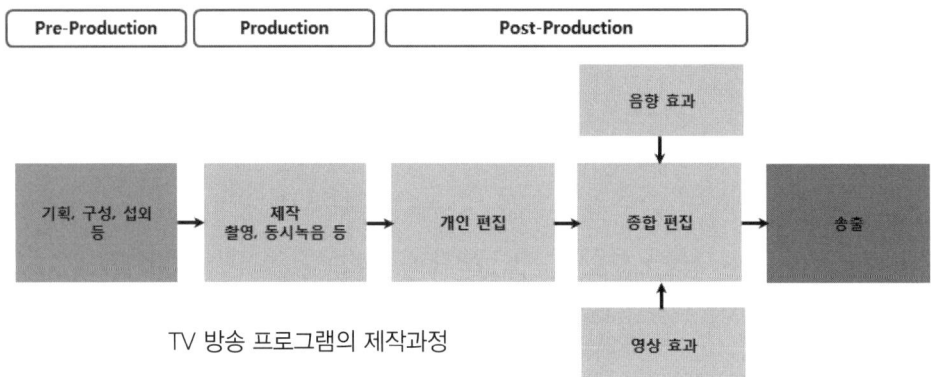

TV 방송 프로그램의 제작과정

'방송사고'라는 의미는 수많은 시청자들에 대한 제작진의 신뢰를 무너뜨리는 것이며, 공공의 의무성을 이행하지 못한 결과라고 본다. 다시 말해서 방송은 대중과의 약속이라고 얘기할 수 있는 만큼 방송관련 직종은 다른 어느 직종에 비해 좀 더 많은 책임감을 부여한다. 따라서 과거 방송 관련직에 종사한 선배들은 자신의 업무에 있어서 좀 더 프로페셔널한 마인드를 발휘하고 있었던 것은 아닐까 조심스럽게 생각해보며 현재 학생들을 가르치는 필자 또한 학생들이 미래에 좋은 인재가 되어주기를 바라는 마음에 조금이라도 날카롭고 혹독하게 교육시키는 것 같다.

09 주조정실과 부조정실

"3번 VCR 준비됐어?"

"테이프가 아직 안왔습니다."

"뭐라고? 어후~ 일단 4번 VCR부터 스탠바이해!"

"예 알겠습니다. 4번 VCR 스탠바이!"

이미 도착해서 VCR-Deck에 들어가 있어야 할 테이프가 지금 없다면 아마도 PD나 TD 등 부조정실의 감독들은 애간장이 타게 될 것이다. 그리고 순간의 지혜를 발휘하여 어떻게든 방송을 무사히 마쳐야 하는 임무를 부여받은 PD는 찰나의 순간에 많은 생각과 판단을 하며 생방송을 이끌어 나가고, 이에 발맞춰 부조정실의 스텝들도 긴장을 늦추지 않고 방송 후 타이틀이 나갈 때까지 최선을 다한다.

필자가 다년간의 방송국 근무를 통해서 느꼈던 점은 예나 지금이나 많은 스텝들이 매우 바쁘게 뭔가를 하고 있다는 것이다. 특히 생방송의 경우, 전 스텝들이 하나가 되어 움직이지 않으면 방송사고로 직결되는 중대한 문제를 일으키게 된다. 그만큼 방송국에서 사람의 피를 말리는 제작공정 중에 단연 으뜸이라고 봐도 과언은 아닐 것이다. 그리고 이러한 제작 공정이 이루어지는 공간이 주로 부조정실과 중계차이다.

방송의 제작은 여러 가지 방식으로 나누어진다.

외부 로케이션 촬영과 후반 편집작업을 통해 비교적 시간과의 싸움에서 조금은 여유로운 ENG 제작방식이 있다. 이 방식은 전체적인 제작 스케줄에서 각각의 제작과정을 순차적으로 진행하기 때문에 비교적 방송의 퀄리티를 높이기 위한 다큐멘터리나 기획 프로그램 등에 주로 적용되는 방식이다.

그리고 스튜디오 녹화 및 생방송 방식이 있는데, 녹화방송은 방송녹화 중에 NG가 발생하면 다시 수정녹화를 해서 NG컷을 잘라내고 방송의 전체적인 흐름에 맞춰 매끄럽게 연결되도록 수정, 보완해 나가는 방식이기 때문에 조금은 덜 긴장된 모드에서도 충실히 방송을 제작할 수 있다.

그러나 생방송의 경우는 위의 방식들과는 매우 다른 흐름을 갖고 있다. 부조정실내에 찬 공기가 가득할 정도의 흔히 말하는 긴장상태를 유지하고 있다. 이는 신입 스텝에서부터 베테랑 스텝까지 열외없이 그 냉정한 기류를 느끼게 된다. 생방송이 이토록 긴장되고 철저할 수밖에 없는 이유가 있다. 많은 사람들이 이미 TV를 통해서 방송제작 환경을 구경해봤을 것이고, 왜 긴장되는지도 분위기를 보면 알 수 있을 것이다.

ENG나 녹화방송의 제작방식은 비교적 고퀄리티를 만들어내는 방식으로서 원하는 만큼 충분히 수정하고, 보완할 수 있는 시간적 여유가 충분히 부여된다. 하지만 생방송은 제작 그 자체를 전국의 시청자들 TV로 바로 송신하기 때문에 잠깐의 실수도 여과 없이 방송에 나가게 된다. 그만큼 방송사고의 빈도수가 상대적으로 높은 제작방식이기 때문에 생방송에 투입되는 제작스텝들은 훨씬 더 많은 긴장을 하지 않을 수가 없다.

과거에 비해 현재시점의 시청자들은 그들의 마인드가 많이 변화되어 있기 때문에 생방송에서 발생되는 크고 작은 방송 사고에 대해서 언제부터인가 상대적으로 많은 관대함을 보여주고 있다. 이는 여러 미디어 매체를 통해서 방송제작의 긴박감과 긴장감을 간접적으로 볼 수 있고, 이러한 간접경험이 어느 샌가 시청자들의 기억속에 저장되어 있기 때문에 생방송 사고에 대해서는 그냥 웃고 넘기는 경우를 여러분들도 한 번쯤은 경험했을 것이다. 그만큼 시청자들이 제작스텝들을 일정부분 이해하고 있다는 다소 웃기지만 받아들여지는 공감을 필자 또한 인정하고 있으며, 어쩌면 이렇게 반은 억지스러운 솔직한 모드로의 변화를 통해서 좀 더 방송이라는 범주가 시청자들과 더욱 친근해지지는 않을까 하는 생각도 가져본다.

주조정실
(Master Control Room)

주조정실은 방송프로그램의 제어 및 마스터 송출기능을 총괄하는 공간으로 프로그램 제작 관리 관련기기, 소재관리 기기, 편성된 프로그램을 송출 탑으로 송출, 각 부조정실과 연결된 수신관계 기기가 배치되어 있다. 주요업무는 프로그램 입력, 프로그램 저장, 프로그램 검색 등이다. 뉴스 스튜디오나 부조정실과 연결하여 생방송 송출에 필요한 장비 등을 갖춘 곳으로 보통 MD 1명, TD 1명, VTR 담당인원 1명이 상주하여 업무를 수행하는 곳이다.

　그만큼 주조정실은 방송계의 중추신경으로서, 각 방송사에서 제작되는 모든 프로그램을 방송국의 주조정실에서 송출하여 시청자들의 TV에 프로그램을 전송해주는 역할을 하는 방송국의 핵심 공간이다 즉, 다양한 방송제작 공급원에서 프로그램을 받아 해당 프로그램을 방송국의 해당 편성 시간에 송출하도록 하는 것이다. 따라서 주조정실의 기기가 노후되거나 이상이 생기게 되면 방송국 전체의 운영에 큰 차질을 주기 때문에 주조정실의 기기는 1년 365일 적절한 온도와 습도를 유지시켜주는 것이 무엇보다 중요하며, 기기의 노후화를 점검하고 교체 및 수리를 통해 원활히 방송을 공급하는데 핵심 포인트를 두고 있다.

　특히 주조정실 내부에는 여러 기기에서 발생하는 열이 상당히 많으므로 기기에 필요한 적정 온도를 유지하기 위한 냉난방은 중앙 집중 공급 및 단독 설비로 병행하여 구성되어 있다. 다량의 배선과 향후에 계획되는 설비변경 및 증설에 대비하여 주조정실의 바닥은 배선의 설치가 비교적 편리한 엑세스 플로어(Access floor)로 계획되며, 최종

마감재는 정전기 방지용 재료를 사용한다. 초 단위로 정확하게 송출되는 주조정실 업무는 장기간 긴장이 연속되기 때문에 근무환경의 거주성이라는 특수성을 고려하여 설계된다. 따라서 제어 락에서부터 의자를 포함한 그밖의 토탈 디자인(Total design), 컬러 컨디션(Color condition)에 유의하여 설계되어 근무자의 피로도와 편의성에 최대한 적합한 조건을 유지시켜 주는 것도 매우 중요하다.

부조정실
(Sub Control Room)

TV스튜디오의 부조정실은 방송제작에 관련된 수많은 장비들이 배치되어 있고 다양한 제작스텝들이 모여 그들만의 다양한 임무를 수행하는 공간이다.

TV스튜디오 옆에 독립되어 있는 부조정실에서는 모든 제작과정이 결합된다. 이곳에서는 테크니컬 디렉터(TD), 프로듀서(PD), 조명감독, 음향감독, CG감독, 음악감독 등이 모여 가장 효과적인 영상과 오디오를 결정하며 제작이 완성된 방송 프로그램은 VCR-Deck를 통해 비디오테이프에 기록되어 녹화방송으로 송출되거나 즉시 생방송으로 송출된다.

부조정실에서는 이미지 컨트롤, 프로그램 컨트롤, 오디오 컨트롤 등의 작업을 하며 어떤 방송국에서는 모든 조절기능이 한 곳에 모여 있도록 하기 위해 부조정실에 조명 컨트롤을 위한 조광장치를 설치하기도 한다.

프로그램 컨트롤이란 프로그램 내용에 대한 비판적 검토나 검열 등을 의미하는 것이 아니라 PD가 다양한 영상이나 오디오 신호를 선택하고 결합하여 PD의 제작의도를 담아내고 프로그램의 메시지 전달을 위한 전체적인 흐름을 파악하여 시청자가 공감할 수 있는 방송제작 결과물을 만들어 내기 위한 과정을 말한다.

이미지 컨트롤이란 카메라나 다른 비디오 재료에서 공급되는 비디오 이미지를 선택하여 적절하게 배열하는 것을 의미한다. 여기에는 비디오 특수효과(Video Effect)와 C/G효과 등을 컨트롤하는 것도 포함된다. 이미지 컨트롤 장비 가운데 가장 중요한 것은 비디오 스위쳐(Switcher)로서 TD가 컨트롤하며 부조정실 내에서 PD의 오른편에 위치한다.

오디오 컨트롤이란 부조정실에서 제작하는 프로그램의 전체적인 오디오를 총괄하는 것을 의미한다. 이 파트에는 음향감독과 음악감독이 함께 상주하여 방송의 오디오 컨트롤에 있어 협업체계를 구축하고 있다. 보통 오디오 콘솔, 패치보드, 모니터 스피커, VCR 모니터 그리고 과거에는 오디오 테이프 레코더, 카세트 머신, 최소 한 대 이상의 턴테이블 등이 배치되어 있었으나, 디지털 환경으로의 변화로 인해 CD-Player나 MD-Player 또는 디지털 음원 플레이어(노트북 연결라인이나 mp3 플레이어 외) 등의 외부 입력단자들이 갖추어져 있는 것이 요즘의 추세이다.

또한 방송 중에 전화접속을 위한 '텔레폰 하이브리드' 기기와 리버브, 딜레이 등의 외장 하드웨어가 구축되어 있다. 물론 각 방송국마다 조금씩 차이는 있으나 위에서 언급한 기기들은 대부분 오디오 제어를 위한 필수장비이기 때문에 공통적으로 구축되어 있다.

여기서, 궁극적으로 언급하고자 하는 방송음향과 음악에 관한 사항 중에 일부가 여기에 포함된다. 방송제작에 있어 방송음향과 방송음악은 부조정실에서 대부분 이루어지고 있으며, 부조정실에서 제작하는 생방송과 녹화방송의 오디오를 총괄하는 분야이기 때문에 음향을 배우고자 하는 분들에게는 필수적으로 이해해야 하는 분야라고 보면 될 것이다.

DSP 분야에 있어 중요한 사항은 시그널 프로세싱에 많은 중점을 두고 있으며, SR 분야에서는 음향시스템 설치 및 음향튜닝, 홀의 특성과 음장감의 매칭구조에 중점을 두고 있다. 반면 방송음향은 시그널 플로우(Signal-flow)에 입각한 각각의 오디오 소스의

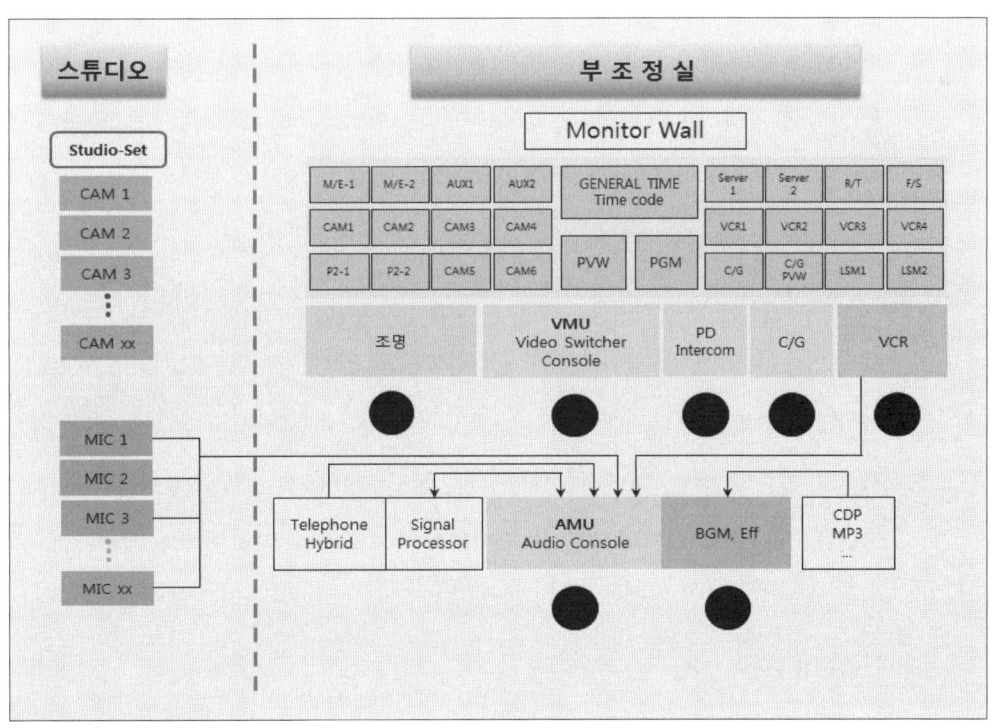

부조정실 오디오 입력패치 구성도

부조정실 음향콘솔

패치에 연결되어 전체적인 방송음향 레벨의 조정 및 표준레벨로의 믹싱을 통한 원활한 방송 송출에 중점을 둔다. 즉, 방송제작에서 발생되는 사운드 오퍼레이팅(Operating)을 핵심 포인트로 두고 있다. 아무리 완벽한 오디오 패치와 세팅일지라도 제작과정에서 제대로 운영된 오퍼레이팅이 아니라면, 이 또한 방송사고로 규정지을 수 있기 때문이다. 따라서 방송음향을 주로 수행하는 부조정실에서 음향감독은 스튜디오 마이크에서 나오는 오디오 소스와 그밖의 VCR 오디오 소스 등을 방송국의 방송기준레벨에 맞춰 믹스다운 하는 과정을 주로 수행한다. 음악감독은 자신이 담당하고 있는 해당 프로그램의 성격에 적절한 로고음악, 타이틀 음악, BGM, 효과음 등을 마찬가지로 방송기준레벨에 맞춰 삽입하고 음향과 적절한 믹스다운 작업을 수행하는 과정에서 오퍼레이팅을 완벽하게 소화해내야 한다.

각 방송사의 부조정실마다 크고 작은 차이점이 있겠지만, 그림을 보면 부조정실 내의 가장 기본적인 오디오관련 입력(Input)패치에 대한 구성도를 이해할 수 있다. 여기서 주의 깊게 여겨볼 사항은 VCR의 오디오소스는 사전오디오 작업의 방식과 현장 오디오작업 방식으로 나누어지며, 이 두 가지의 방식 중 어느 방식으로 제작하느냐는 방송 프로그램의 성격에 따라 선택되기도 하고, 생방송이냐 녹화방송이냐에 따라서 분류되기도 한다.

VCR의 사전 오디오작업은 말 그대로 방송제작에 들어가기 전 해당 VCR에 음악과 효과음을 삽입하고 S.O.V.(Sound of Venue : 현장음)와 믹스다운을 거쳐 오디오마스터(Audiomaster)를 미리 제작하는 과정을 의미한다.

VCR의 현장 오디오작업은 주로 생방송에서 많이 이루어지는 과정으로 물리적인 시간상 사전작업이 힘든 경우에 부조정실에서 생방송으로 제작하는 동안 해당 VCR이 생방송으로 송출될 때 음악과 효과음을 함께 진행하여 즉석에서 믹싱하는 작업과정을 의미한다. 이 작업과정은 생방송이기 때문에 경력이 많은 음악감독에게만 요구되는 고난이도 작업과정으로써 그만큼 오디오 믹싱에 있어 크고 작은 실수가 빈번하게 발생되기도 하는 단점이 있다.

방송음향이 레코딩 스튜디오의 음향, SR 무대음향과 핵심적인 차이점은 무엇인가?

방송음향은 시청자들을 위한 음향이다. 레코딩 스튜디오의 음향은 음반이라는 고퀄리티의 음악을 만들어내기 위한 심도 깊은 음향을 추구하고 있으며, SR 무대음향은 무대에 모인 관중들을 위한 풍부한 사운드를 구현하기 위해서 넓은 다이내믹 레인지의 음향을 추구한다. 하지만 방송음향은 TV 앞에 모인 시청자를 위한 음향으로서 시청자가 듣기에 가장 무난하고 편안한 사운드이어야 하고 다이내믹 레인지도 상대적으로 매우 좁은 편이라고 볼 수 있다.

방송음향에서 염두에 두어야 할 중요한 사항은 전체적인 각 소스 음원들의 밸런스와 적절한 음향레벨이다. 흔히들 여가시간에 TV를 틀어놓는 경우가 많은데 그 때마다 TV의 소리가 갑자기 심하게 커지거나 또는 갑자기 잘 안 들리면 시청자들은 놀라거나 혹은 TV가 고장났는지 의심하게 될 것이다. 물론 TV에서 나오는 화장품 CF, 스마트폰 CF 등 여러 광고들과 각 방송사마다 편성되어 나오는 프로그램들의 특성과 성향이 매우 다른 만큼 들려주는 소리의 성격이 다를 수 있다. 그러나 그 프로그램들의 음향을 어느 한 영역의 소리도 튀지 않게 조절하면서 편안하고 자연스러운 사운드를 시청자들에게 들려주는 것이 방송음향의 가장 궁극적인 목적이다.

음향레벨

기존 아날로그 방송에서 음향레벨을 측정하는 필수 기기로 VU(Volume Unit) 미터라는 음향신호레벨을 감시하는 레벨미터가 전 세계적으로 통용될 정도로 보편화되었다. 이 기기는 0VU를 그 기기의 기준 신호레벨로 인식하는 전압미터로 원래는 사람의 귀가 소리의 세기를 인지하는 것과 관련된 레벨을 표시하도록 제작되었다. 또한 이 기기는 두 개의 정해진 눈금이 VU 미터상에 보이는데, 보통 위로는 VU 눈금과 아래로는 모듈레이션 백분율 눈금이다.

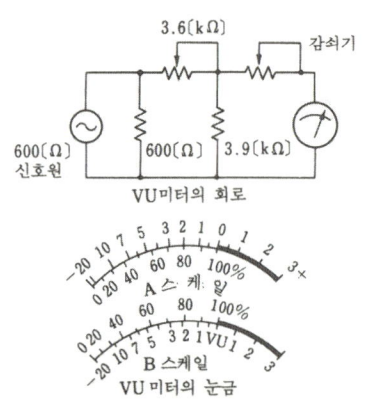

볼륨을 표시하는 바늘은 눈금 사이를 전기에너지에 따라 반응하여 좌우로 움직이며 레벨을 표시한다. 만약 전기에너지의 레벨이 너무 크면 바늘이 우측의 0VU를 넘어 빨간색으로 표시된 +VU

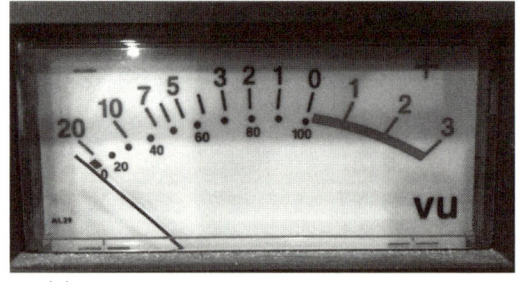

VU 미터

로 넘어가게 되고 우측 끝까지 넘어가면 이를 핀(Pin) 또는 피크(Peak)라고 하여 디지털에서는 소리의 클리핑(Clipping) 현상이라고 한다. 이러한 소리의 세기는 일그러짐 현상이 나타나면서 결론적으로 사용할 수 없는 사운드 즉, 노이즈에 불과한 소리로 판단한다.

VU 미터의 아랫부분은 모듈레이션 백분율을 적용한 수치를 나타내는데, 모듈레이션의 100%는 VU미터의 0VU와 같은 정비례 눈금을 말하며, 20% 이하는 너무 작은 소리이기 때문에 들을 수가 없고, 100% 이상의 소리는 붉은 영역으로 표시되어 청감상 너무 큰 소리로 인식된다. 따라서 방송의 사운드는 그 다이내믹이 크기 때문에 적절한 오퍼레이팅으로 -5VU에서 +1VU 사이를 유지하는 것이 가장 적절한 사운드 레벨이라고 보면 되겠다.

VU 미터가 아날로그의 전형적인 기기라면, PPM(Peak Program Meter)은 디지털 기기로서 PPM의 눈금은 VU미터와는 달리 정비례하며, dB로 표시한다. 이 미터기는 신호 레벨이 커지면 과부하에 의한 일그러짐에 임박한다는 경고가 표시된다.

레벨표시기는 올라갈 때 빠르게, 내려올 때는 천천히 내려오기 때문에 사용자가 보기에 편하도록 제작되었다. 아날로그에서 디지털로 대부분 전환되고 있는 시점에서 VU 미터는 소리의 실효값(RMS값)을 측정하는데 비해, PPM 미터는 VU 미터보다 소리의 실제 크기를 정확하게 측정할 수 있다는 장점을 가지고 있으며 사람이 듣지 못하는 순간적인 피크를 측정할 수 있다. 그래서 디지털 오디오에서는 PPM 미터의 측정이 더욱 안전하다고 평가하는 전문가들도 있다.

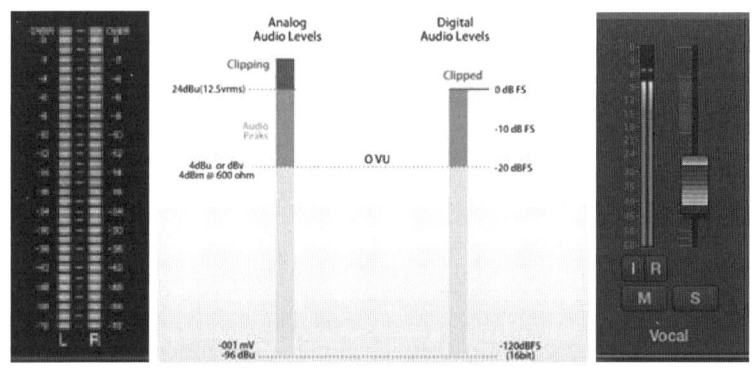

국내 방송사들은 2012년 12월 31일부로 아날로그 방송이 종료되었고, 방송환경이 디지털로 전환된 이후 아날로그 방송 때에 비해 넓어진 다이내믹 영역 등으로 인해 오디오 레벨의 크기에 대한 기준 설정과 관리의 필요성을 공감하고 있다.

공중파 방송사들 중에서 모범적으로 디지털 방송 환경에서 제작 및 송출되는 오디오 레벨에 대한 내부 관리지침을 작성하고 준수하도록 권고하고 있는 MBC의 경우를 대표적인 사례로 분석하여, MBC에서 설정한 디지털 TV 음향 표준 레벨 규정에 대한 사항을 소개해본다.

현재 MBC에서 프로그램 제작 시 오디오 레벨에 관련된 주의사항을 나열해보면,

- 현재 HD 디지털 방송의 음향은 BYPASS 모드로 송출되고 있음. 따라서 제작 시 음향 레벨이 그대로 송출 시에도 적용됨.
- dBFS 디지털 Peak 미터 혹은 VTR 상의 오디오 입력 디지털 미터를 기준으로 함.
- VTR 오디오 미터에 빨간불(Peak상태 발생 시)이 들어와도 일시적이거나 청감상 이상이 없을 경우 Peak를 무시하고 그대로 진행됨.
- CM이나 타이틀 음악 등은 청감상 비슷하게 하기 위해 본 프로그램 레벨보다 약간 낮게 제작함.

음향 제작 기준 레벨(Target 레벨) – dBFS

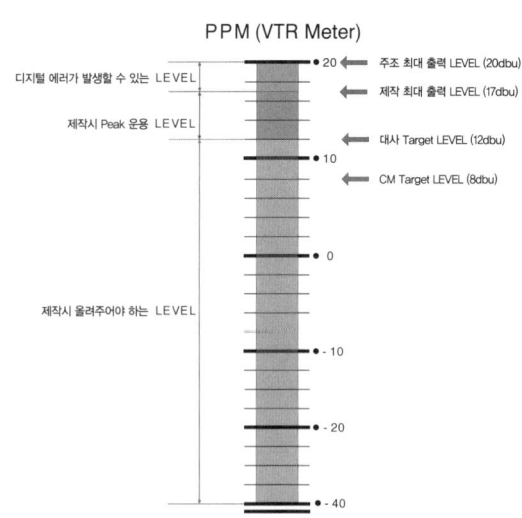

음향 제작 표준 레벨 (Target 레벨) – PPM

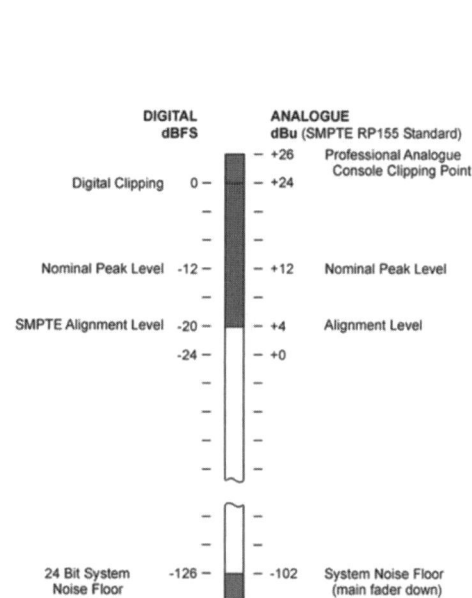

디지털콘솔 기준레벨 (미국과 한국 방송)

중계차

    중계방송이란, 스튜디오가 아닌 현지의 생생한 정보와 소식을 그대로 담아 방송 송출하는 것을 말한다. 그만큼 현장의 생동감, 즉시성 측면에서 가장 빠르고 정확성이 뒤따른다. 우리가 흔히 TV로 시청하는 뉴스를 보더라도 국가적으로 시급한 사건이나 사고가 발생할 경우, 방송국은 발 빠르게 현장에서 뉴스를 진행한다. 이같은 경우, 현장 중계차은 방송국 부조정실과 연계를 통해 시청자들에게 현장의 생생한 소식을 전달하는 중계방송의 역할을 수행한다.

    이러한 생동감과 즉시성에 가장 밀접한 분야가 또 있는데, 바로 스포츠산업이라고 볼 수 있다. 현대사회에서 스포츠산업과 방송산업은 상호의존적인 공생관계에 있다. 스포츠산업의 발전과 더불어 스포츠 방송산업의 발전도 동시에 이루어지고 있으며, 이제 스포츠도 TV방송의 지원없이는 존재하기 어려울 정도로 밀접한 관계를 맺고 있다. 스포츠방송의 활성화에 따른 방송사의 광고수익도 절대로 무시할 수 없는 부분이 되어, 이제는 명실공히 스포츠 방송산업이라는 하나의 독립적인 체계가 만들어졌다.

    방송과 스포츠는 현대 사회에서 절대로 빼놓을 수 없는 중요한 환경들이 되었다. 방송과 스포츠가 갖고 있는 이러한 중요성은 현대 사회가 발전할수록 더욱 증대될 것이다. 스포츠는 실제 현장에서 즐기는 부분이 분명히 우선시 되었지만, 미디어 매체의 발전과 변화에 의해 실제 스포츠 현장이 아닌 TV를 통해서도 현장의 분위기를 즐길 수 있게 되었다.

　이러한 변화는 국내 스포츠뿐만이 아닌 세계 각국의 스포츠까지 누구나 안방에서 보고 즐길 수 있는 환경으로 많은 발전을 거듭해왔다. 이 발전의 핵심에는 정보통신의 발전도 분명히 큰 기여를 하고 있으며, 스포츠 중계방송 시스템의 발전이 그 중심에 있다고 봐도 무방할 것이다.

　방송채널의 증가와 방송기술의 지속적인 발전과 더불어 방송의 제작환경 또한 빠르게 변화하고 있는 가운데 시청자들의 욕구와 니즈(Needs)도 점점 다양화 되어가고 있다. 앞서 언급한 바와 같이 세계 각지에서 일어나는 뉴스의 현장소식과 스포츠의 실시간 중계방송은 이제 우리 생활의 한 부분이 되어있을 만큼 기술적인 면에서 혁신을 보여주고 있다.

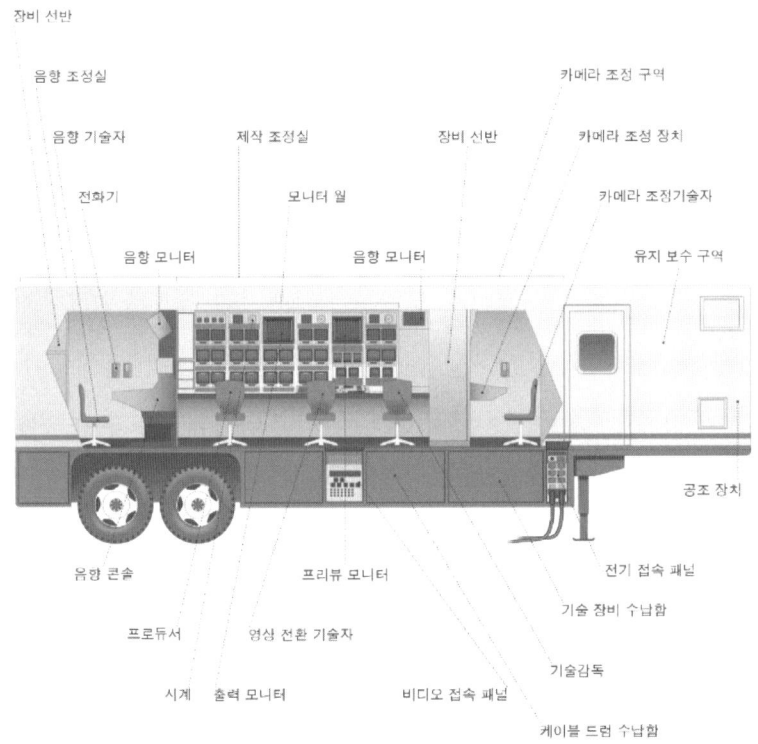

중계차 구조

중계차 조정실 내부

10. 중계차

특히 본격적인 통신 위성 시대에 접어들면서 방송사들은 SNG(Satelite News Gathering System)의 도입으로 더욱 빠르게 현지의 소식을 전할 수 있는 장점을 보유하게 됐다. 또한 위성의 전송방식을 아날로그가 아닌 디지털 방식을 채택함으로써 더 많은 방송채널의 확보와 동시중계의 편리성을 충족할 수 있게 되었다.

중계차의 운용은 방송국의 부조 시스템과 연동하여 현장과 방송국의 연결고리 역할을 하는 프로세싱이 대부분이다. 하지만 특별한 경우에는 현장의 중계차 시스템에서 방송 프로그램의 모든 역할을 총괄하여 주조정실로 바로 송출하는 제작환경도 가능하다. 따라서 중계차의 시스템 설계는 부조정실과 매우 흡사하며 차 내부라는 공간의 제약 상 부조정실의 축소된 환경이라고 이해하면 될 것이다.

 ## 현장 인터컴 시스템

중계 제작스텝들 사이의 상호 의사소통은 제작과정에서 매우 중요한 역할을 수행한다. 이는 스튜디오에서 펼쳐지는 제작과정보다 훨씬 넓은 공간에서 이루어지는 중계이기 때문에 스텝들간의 의사소통이 원활하게 이루어지지 않을 경우, 방송사고의 위험성을 안고 가는 것과 마찬가지로 인식하면 된다. 즉, 모든 스텝들은 제작PD의 인터컴 싸인을 통해서 움직이게 되며, 때에 따라서는 각 스텝들 간에 요구사항을 전달하여 중계방송 제작에 무리가 없도록 상호 커뮤니케이션을 끊임없이 진행한다.

현장에서 사용되는 인터컴 시스템은 PL(Private Line 혹은 폰 라인), SA(Studio Address), IFB(Interruptible fold-back) 등의 세 가지 유형이 있다.

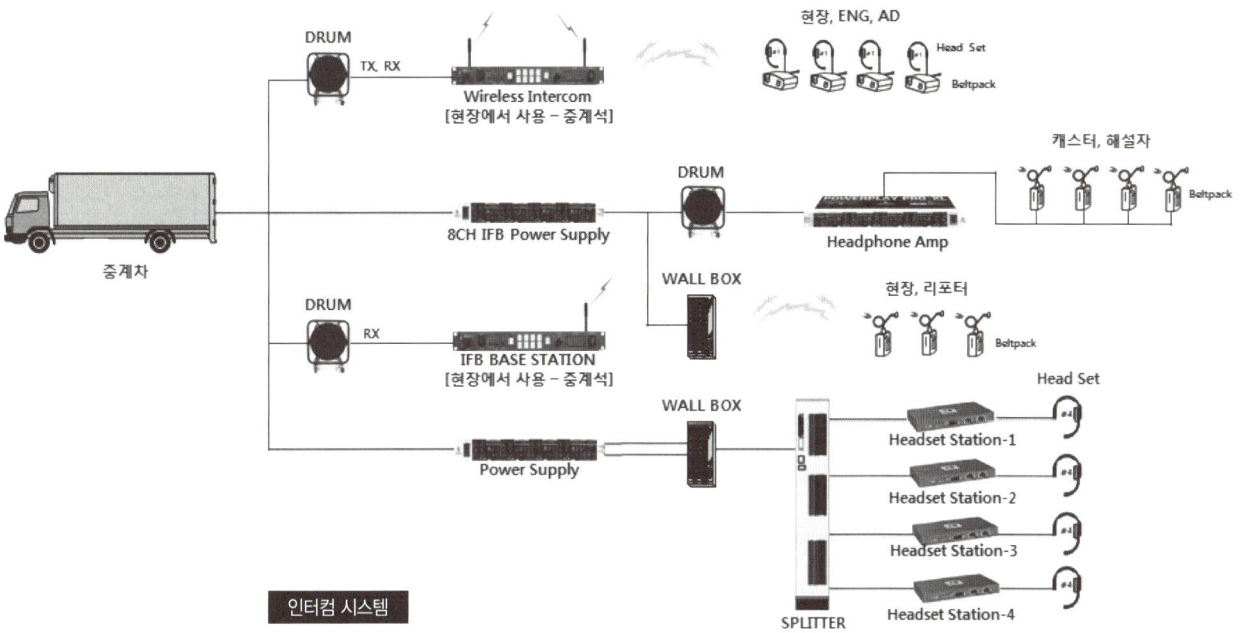

인터컴 시스템

1. PL 시스템

PL 시스템은 폰 라인 시스템이라고도 알려져 있으며, 제작스텝과 기술스텝을 연결한다. 이어피스가 장착된 헤드셋에 작은 마이크로 구성되어 있으며, 유선의 경우는 스튜디오 벽면이나 카메라 단자에 연결해 사용한다.

주변 환경의 소음이 심하거나, 락 밴드 공연 같은 큰 소리가 많이 나는 제작환경에서는 서컴오럴(Circumaural: 덮개형) PL 헤드셋을 사용한다.

10. 중계차

PL 시스템은 독립된 대화라인을 제공하는데, 예를 들어 조정실의 음향감독이 임의의 하나 채널에서 외부의 스텝과 대화하는 동안 제작PD는 카메라감독에게 지시사항을 전달할 수 있다.

2. SA 시스템

SA(Studio Address) 시스템은 토크백(Talk-back)이라고도 불린다. 이 시스템은 야외중계가 아닌 스튜디오 녹화에서 대부분 사용되며, 부조정실의 음향콘솔에 장착된 토크백용 작은 마이크로폰이 스튜디오의 소형 어드레스 라우드 스피커로 출력된다. 조정실의 스텝이 스튜디오에 있는 모든 스텝들과 연기자들에게 한꺼번에 의사를 전달하는데 유용하게 사용된다.

3. IFB 시스템

IFB(Interruptible FoldBack) 시스템은 방송 사전에 지시사항을 전달하기 위한 것으로, 제작PD와 TD 그리고 조정실의 감독들이 연기자와 이어피스를 통하여 연결한다.

이어피스는 소형이기 때문에 이어 카날(Canal)에 집어넣고 연기자 본인의 소리를 포함한 프로그램 전체의 사운드를 전달한다. 시스템에 연결되어 있는 각 감독들이 연기자에게 지시사항을 전달할 경우, 연기자의 이어피스로 전해지고 있는 프로그램의 사운

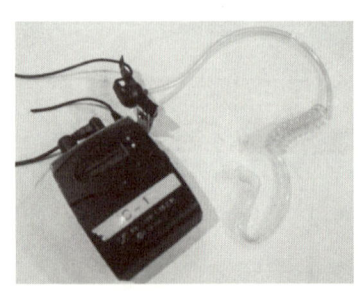

드는 지시사항을 위해 잠시 중단된다. 흔히 'PD-Call 또는 Cue 싸인을 준다'라는 표현을 들어본 적이 있을 것이다. 이 Cue 싸인을 PD가 연기자에게 주기 위한 장치가 바로 IFB 시스템인 것이다. IFB를 효과적으로 사용하기 위해서는 연기자의 행동이 매우 중요하다. 시청자가 눈치 채지 못하도록 PD의 지시를 들으면서 말할 내용을 생각하는, 이 두 가지 행위를 동시에 할 수 있는 집중력이 연기자에게는 매우 필요하다.

 ## 중계 오디오 녹음과 믹싱

중계차의 오디오 믹싱은 부조정실의 믹싱과 많은 부분 일치한다. 하지만 중요한 차이점은 스튜디오의 음향과 야외 음향이라는 특수성에 있다. 중계차의 오디오소스는 외부 환경적인 요인에 따라 야외에서 수음된 현장소음이 상대적으로 많이 발생되므로 마이크 세팅에도 상당한 주의를 요하고 있다. 야외 음악회나 대형 프로그램의 제작일 경우, 보통은 SR음향에서의 컨트롤을 통해 중계차로 믹싱된 메인 오디오소스가 전달되지만, 그렇지 않을 경우도 번번이 발생되기 때문에 마이크 세팅은 매우 신중하게 결정해서 설치해야 한다.

중계차 음향조정실 내부

 각 음원소스들의 녹음되는 레벨은 마이크의 종류와 특성에 따라 다이내믹 레인지(Dynamic Range)가 각기 다르고 편차가 크기 때문에 마이크의 선택은 대단히 중요하며 프리앰프의 입력레벨도 신중하게 고려해야 한다.

 스포츠 중계의 경우에는 각 종목마다 마이크 세팅에 대한 방식에 조금씩 차이점을 두고 있다. 선수들의 움직임과 호흡, 관중의 위치와 현장 분위기에 대한 사운드를 통해서 경기의 생동감을 표현해야 하는 사항이 무엇보다 중요하기 때문에 마이크의 종류와 위치 그리고 세팅은 매우 중요하다고 볼 수 있다.

 특히 국내 스포츠의 경우보다 올림픽, 월드컵 등 국제 스포츠에서는 좀 더 디테일한 사운드를 수음하고 믹싱해야 한다. 따라서 현장에 설치하는 앰비언스 마이크의 수도 훨씬 많을 수 있다. 또한 스포츠 중계에서는 야외라는 특성 때문에 윈드 스크린(Wind Screen)이 큰 역할을 한다.

 야구 경기의 경우, 홈플레이트에서 발생되는 주심의 판정과 포수의 미트 사운드, 타자가 베팅하는 소리가 가장 중점적으로 수음돼야 하기 때문에 홈플레이트 방향으로 마이크 세팅이 이루어진다. 그리고 1, 3루의 무지향성 파라볼릭 마이크를 통해서 필드의 다른 사운드들을 수음하게 된다. 각 루에 설치되는 라발리어 마이크는 그라운드에서 펼쳐지는 선수들의 활동을 좀 더 생동감 있게 전달하는데 도움이 된다.

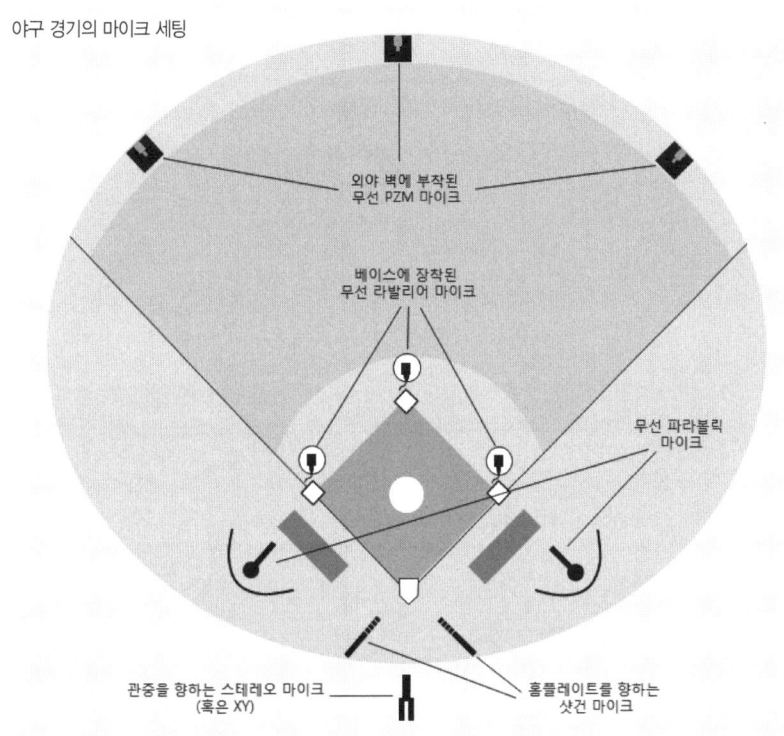

야구 경기의 마이크 세팅

　외야 펜스에 부착된 PZM 마이크는 홈런의 경우 발생되는 사운드와 외야 필드에서 벌어지는 상황을 수음하는데 도움이 된다. 월드베이스볼클래식과 같은 국제 대회의 경우, 필드와 관중석의 생동감을 좀 더 디테일하게 접근하기 위해 필드 곳곳에 마이크의 개수를 증가시켜 좀 더 세밀한 사운드를 수음하며, 관중석 또한 카메라에 마이크를 장착하여 관중의 소리를 더욱 자세히 수음하게 된다. 경우에 따라서 앰비언스 사운드를 컨트롤하는 서브 콘솔의 운영도 가능해진다.

　축구 경기의 경우, 기본적으로 관중석을 향한 마이크 세팅을 스테레오 타입으로 설치해 좀 더 폭넓은 사운드를 제공한다. 또한 센터라인과 오프사이드 라인, 코너킥 라인에 마이크를 설치하여 필드위의 선수들의 호흡과 움직임, 공을 차는 소리 등을 세밀하게 수음한다.

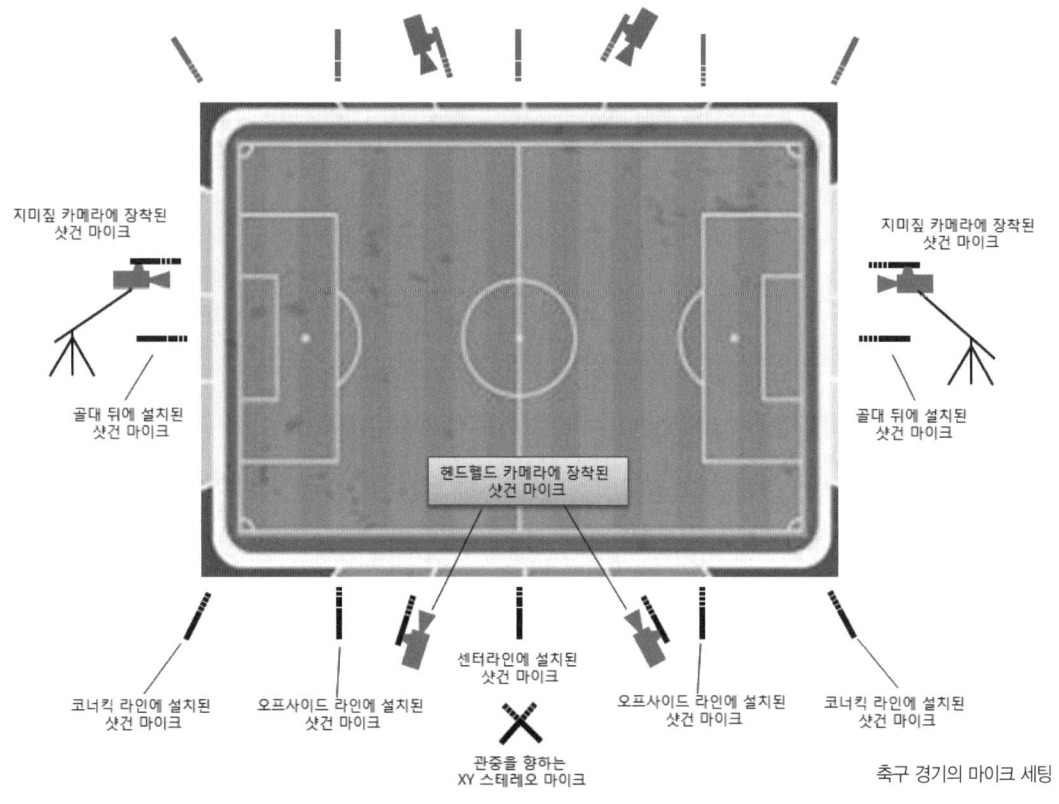

축구 경기의 마이크 세팅

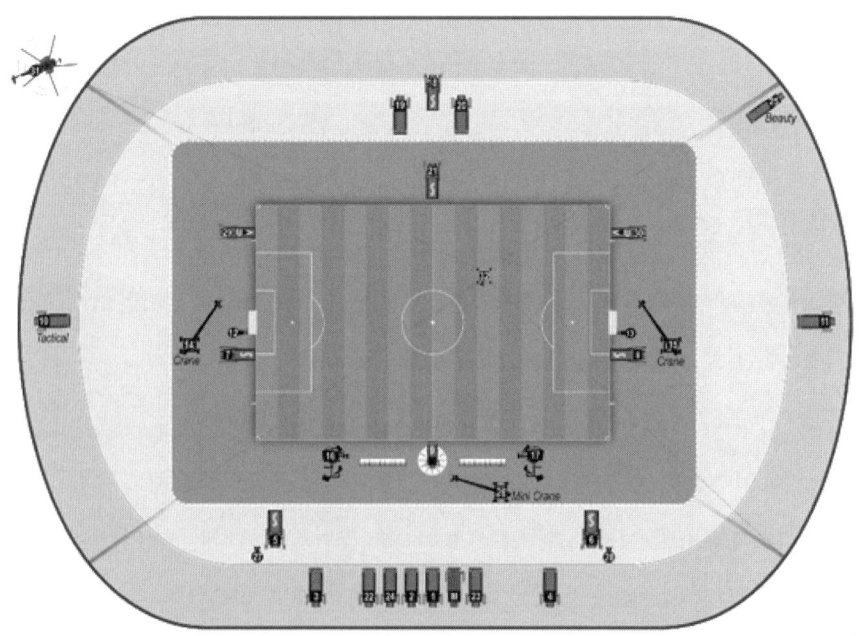

남아공 월드컵 중계 카메라 배치도

무엇보다 축구 경기에서 중요한 골인의 경우를 좀 더 생생하게 전달하기 위해서 골대 뒤에 마이크를 설치하거나 카메라에 마이크를 장착하여 골 망이 출렁거리는 소리를 수음하여 믹싱하고 이러한 축구공이 골 망을 흔드는 영상과 사운드가 함께 시청자에게 전달되어 축구의 생동감을 느끼게 한다. 월드컵 등의 국제 대회의 경우에는 야구와 마찬가지로 기존의 마이크 세팅 외에 반대편 라인에도 마이크를 설치하여 경기장 곳곳에서 발생되는 사운드를 세밀하게 수음하고, 이러한 국제 대회에는 앰비언스 사운드를 컨트롤하는 서브 콘솔이 운영된다.

방송기술의 발전으로 스포츠 중계에 대한 기술력을 매회 선보이게 되고, 특히 중계 카메라의 성능과 배치에도 혁신적인 아이디어들이 선보이게 된다. 남아공 월드컵 중계의 경우를 보면, 경기장의 위를 와이어로 설치하고 그 와이어에 카메라를 장착하여 지붕 위를 움직이면서 선수들의 모습과 경기장면을 중계한다. 이는 시청자가 TV를 통해서 경기장의 또 다른 카메라 앵글구도를 볼 수 있는 혁신중의 대표적인 사례라고 볼 수 있다. 이러한 카메라에 마이크를 함께 장착하여 좀 더 필드에 가까운 사운드를 수음할 수 있다.

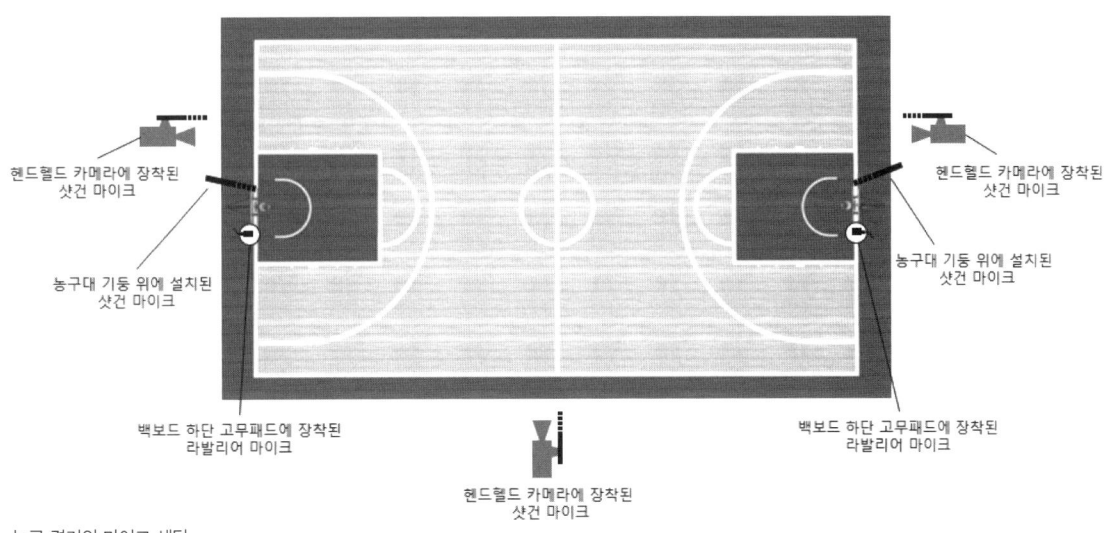

농구 경기의 마이크 세팅

농구 경기는 야구나 축구처럼 필드가 그렇게 넓지 않은데다 실내 스포츠이고 코트가 나무소재이며 코팅을 하기 때문에 공간감을 나타내기에 최적의 장소로 볼 수 있다. 따라서 선수들의 경기하는 소리와 공을 튕기는 소리. 심판의 호루라기 소리, 선수의 운동화가 그라운드와 마찰되는 소리, 관중 소리 등 다양한 사운드를 카메라에 장착된 마이크를 통해서 수음할 수 있다.

여기에 농구공이 골대에 들어가 골 망이 출렁거리는 소리, 센터존에서 펼쳐지는 선수들의 격한 몸싸움과 플레이 소리 등은 농구대 기둥에 설치된 마이크와 백보드 아래 장착된 라발리어 마이크를 통해서 생생하게 수음할 수 있다.

미국의 NBA 농구와 같은 전 세계적인 인기 스포츠나 국제 대회의 경우에는 골대 뒤에 지미짚 카메라를 설치하면서 동시에 마이크도 장착하여 좀 더 디테일한 사운드를 수음할 수 있다.

이제 중계 오디오 믹싱을 알아보자. 야외 음악회 또는 대형 프로그램의 경우에서 중계 오디오 믹싱은 생각보다 많은 어려움과 제한요소들이 있다. 따라서 각 악기들과 보컬 그리고 앰비언스 등 각각의 소스들을 분리해 녹음해야 한다. 이러한 멀티레코딩 믹싱의 경우 보컬(Vocal), 리듬(Rhythm), 브라스(Brass), 현악기(String), 목관악기(Woodwind) 등으로 구분해 각 악기들의 주파수 특성을 고려하여 AMU(Audio Mixing Unit)의 프리앰프 게인(Pre-amp Gain)을 세팅하고 방송 송출에 적합한 음향레벨로 조정하여 믹싱해야 한다. 방송음향은 안방에서 시청하는 TV의 사운드를 최종마스터로 인식하기 때문에 넓은 다이내믹 레인지(Dynamic Range)를 요구할 수 없다.

시청자들이 듣기에 무난한 사운드를 연출해야 하며, 그만큼 다이내믹 레인지(Dynamic Range)도 좁은 편이다. 하지만 악기연주와 보컬이 어우러지는 음악회의 경우는 기본적인 음악믹싱의 기법이 적용된다. 우선, 각 악기들의 적절한 밸런스와 음색보정, 음상의 분리를 통한 음의 원근감을 적용시킬 수 있으며 리듬, 브라스, 현악기, 목관

악기 등의 악기들과 보컬의 레벨조정에도 적절하게 대응해야 한다. 만약에 솔로로 연주되는 악기의 소리가 두드러지지 않거나, 악기소리에 보컬소리가 마스킹된다면 이러한 실수들이 TV에서 나오는 사운드에서는 더욱 두드러지게 송출되기 때문에 적합한 사운드 믹싱이라고 보기에는 힘들 것이다. 그만큼 중계 오디오 믹싱은 여타 오디오 믹싱과는 조금 상이한 디테일함에서 퀄리티의 여부가 판단된다.

또한 무대에서의 연주와 관중이 일체가 되는 믹싱이 전적으로 필요하다. 연주와 관중의 소리가 분리된 듯한 믹싱을 하게 된다면 시청자들은 왠지 모를 이질감을 느낄 것이며 TV나 셋톱박스에 문제가 있나 하는 의심을 할 것이다.

장내에 설치된 앰비언스 마이크를 통해서 관중의 박수, 환호, 웃음 등을 수음하여 시청자가 현장감을 느낄 수 있도록 믹싱해야 하며, 이때 주의사항은 앰비언스의 음량을 너무 크게 컨트롤할 경우 MC 음성의 명료도가 상대적으로 약하게 들려 마스킹되거나 밴드의 연주소리가 제대로 들리지 않을 수도 있음을 명심해야 한다. 즉. 앰비언스는 메인 사운드의 보조 역할을 하며 현장의 분위기를 살릴 수 있을 정도의 음량으로 조절되어야 한다.

스포츠 프로그램의 경우에는 각 스포츠의 특성을 제대로 파악한 후에 포인트가 될 요소들을 정확하게 부각시켜주는 것이 중요하다. 따라서 해당 스포츠 경기의 제반적인 지식과 룰을 숙지하고 경기의 흐름을 제대로 이해하고 있어야 현장의 생동감을 정확하게 전달할 수 있는 믹싱이 이루어진다.

또한 스포츠중계에서의 가장 중요한 점은 중계방송이기 때문에 해설자와 캐스터의 소리가 가장 명확하게 들려야 한다는 점이다. 자칫 관중들의 환호성과 박수 또는 경기장 내 선수들의 목소리가 지나치게 커서 중계석에서 나오는 이들의 목소리를 가리거나 마스킹을 일으키는 상태가 되면 TV로 스포츠를 보는 시청자들은 그들이 원하는 스포츠방송에 대한 흥미와 현장감을 느끼지 못하며 결국은 채널을 돌릴 것이다. 따라서 중계석과 경기장 내 앰비언스의 상호간 음향밸런스는 어떤 상황에서도 캐스터와 해설자의 목소리가 현장 효과음(앰비언스)에 묻혀서는 절대로 안 된다. 그리고 스포츠중계방송에 있어 최소한의 마이크로 최대의 음향효과를 표현할 수 있도록 각 경기장의 구조를 파악하여 마이크를 설치하고 각 상황에 맞는 최선의 믹싱을 연출해야 한다.

방송음악은 Re-creation

Recreation. 흔히 우리말로 표현하면 레크레이션 또는 오락, 게임이라고 한다. 그러나 이 단어의 어원을 자세히 살펴보면, Creation(창조)의 재구성이라고 볼 수 있다. 그래서 Re-Creation은 재창조라는 의미로 정의 내린다. 작곡가에 의해 만들어진 최초의 음악은 그 자체로도 충분한 가치를 인정받는 것이 당연한 일이다. 예술이란 그 어느 장르를 불문하고 힘들 것이다. 이 예술이라는 굴레에서 음악이라는 장르를 창작하는 과정은 인간의 원초적인 감성을 자극하는 작업이기 때문에 아름다운 소리를 통해 대중을 감동시키는데 많은 노력을 한다.

방송에 있어 배경음악은 영상텍스트가 전달하고자 하는 메시지에 시청자의 감성을 좀 더 풍부하게 적용시키기 위한 중요한 역할을 수행한다. 따라서 배경음악의 작업과정은 작곡과 선곡이라는 프로세싱을 혼합하게 된다. 작곡과 선곡의 장단점은 두드러지게 보인다. 우선, 작곡은 이 세상에 하나밖에 존재하지 않는 희소성과 곡 자체의 순수성 그리고 영상에 맞춤형 음악을 제시하는 장점을 지닌 반면 작곡을 하기 위한 작업시간이 매우 길다는 치명적인 단점이 존재한다.

선곡은 다양한 기존의 음악을 영상의 분위기와 정서에 맞게 배치할 수 있는 선택의 폭이 넓다는 가장 중요한 장점과 작곡에 비해 작업과정의 속도가 상대적으로 매우 빠마틴 스콜세지와 로버트 드니로, 봉준호와 송강호…

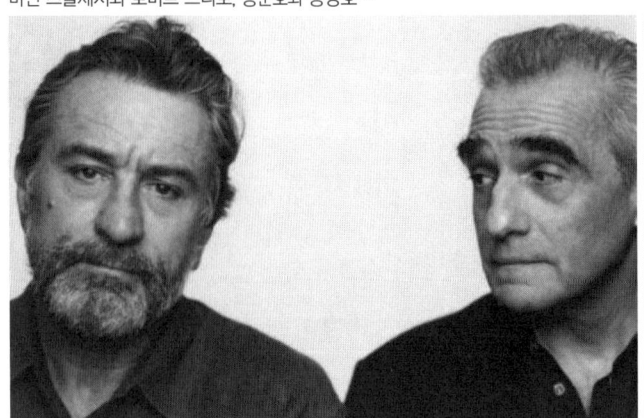

르다는 장점을 포함하고 있고, 반면에 기존의 음악이라는 희소성이 떨어지는 문제점과 같은 곡을 여러 방송 프로그램에서 동시에 사용할 수 있는 가능성에 문제점을 삼고 있다.

위의 장단점을 토대로 현재 대부분의 방송음악감독들은 작곡보다는 선곡위주의 음악작업을 주로 하고 있다. 이러한 배경에는 여러 가지 요인이 있다. RT(Running Time) 1시간에 해당되는 방송프로그램에 음악, 효과, 믹싱이라는 3단계 작업을 모두 소화하려면 여러분은 과연 얼마의 시간이 필요할까? 방송제작과정의 가장 마지막 단계인 사운드포스트 작업과정은 일반 시청자가 생각하는 기준보다 훨씬 더 많은 물리적 시간이 소요된다.

또한 이 물리적 시간을 최소한 보장하는 전제하에서 방송제작이 이루어져야 하나, 프로덕션 과정과 영상편집, 종합편집 과정에서 얘기치 않은 변수들이 속속 드러나기 때문에 가장 마지막인 사운드포스트 단계는 상대적으로 시간의 피해를 많이 볼 수밖에 없는 실정이 현재의 방송제작과정의 현실이다. 이렇다보니 작품 하나하나, 각 씬의 구성에 맞는 이상적인 작곡을 진행하는 것이 매우 정석적임을 알면서도 시간에 쫓기다보면 작곡은 엄두도 내지 못하게 된다. 방송은 어느 채널을 막론하고 편성과의 싸움이다. 편성에 각 프로그램들이 시간을 맞추지 못하면 이는 방송사고이자 대형사고가 되는 것이다.

　그만큼 시간과의 싸움이 매우 중요한 영역이기 때문에 많은 스텝들은 시간을 가급적 효율적으로 사용해 나가며 동료들에게 피해를 주지 않으려고 많은 노력들을 하게 된다. 하지만 사람이 하는 일에는 항상 뜻하지 않은 변수들이 언제나 공존하고 있기 때문에 제작에 있어 많은 어려움을 겪게 되는 것이다. 그 중에서도 음악감독과 오디오믹싱감독 등 사운드포스트에 종사하는 많은 이들이 시간적 스트레스를 다른 스텝들보다 상대적으로 많이 받게 된다. 따라서 음악선곡은 방송에 있어 필수불가결한 작업과정이라고 보는 견해가 지배적이며, 이러한 선곡작업 과정은 기존의 곡을 영상미학에 절묘하게 매치시켜 나가는 새로운 창작과정이라고 이해할 수 있고, 이러한 전제를 바탕으로 한 방송음악은 소위 제2의 크리에이티브 예술(Creative Art), 즉 Re-creation이라고 해석할 수 있는 것이다.

　마틴 스콜세지와 로버트 드니로, 오우삼과 주윤발, 봉준호와 송강호...

　이 조합을 생각해보면 흥미로운 개연성이 존재한다. 즉, 영화감독에는 페르소나(Persona)와 같은 배우가 존재한다는 점이다. 흔히 작가주의 영화감독들은 자신의 영화 세계를 대변할 수 있는 대역으로서 특정한 배우와 오랫동안 작업한다. 감독은 자신이 출연하지 않으면서 자신의 이데올로기를 배우에게 부여하고 일종의 자신의 철학을 심어준 역할을 소화하며 영화를 만들어낸다. 이러한 상관관계 속에서 배우는 감독의 분신이자 자화상이 되는 것이다.

　방송프로그램을 제작함에 있어 방송음악은 음악감독에게 일종의 페르소나(Persona)와 같은 상징성을 준다. 음악감독은 제작PD에게서 넘겨받은 영상마스터를 보며 영상텍스트의 이해와 영상미학의 추구하고자 하는 방향을 파악하고, 이 영상에 자신의 색깔이 담긴 배경음악을 삽입하면서 본인이 추구하고자 하는 음악의 내러티브 구성과 사운드연출의 철학을 담아낸다. 이 철학을 들여다보면 매우 보편적인 그림도 있지만, 음악감독 개개인의 저마다 신기하고 기발한 아이디어가 뛰어난 그림들도 생각보다 많이 자리 잡고 있으며, 때로는 의외성을 주는 그림도 있어서 다양한 시각에서 다양한 해석을 펼칠 수 있는 그들만의 철학을 제시한다. 따라서 음악감독은 저마다 자신만의 스타일에 맞는 음악들의 나열을 통한 작업의 경향이 분명히 존재하며 이러한 스타일의 음악을 선호하며 좋아하는 연출자와의 페르소나적 관계가 형성되는 것도 사실이다.

그래서 음악감독은 연출자의 의도와 방향성을 파악하고 이에 매치되는 음악작업도 중요하지만 자신만의 스타일을 형성해가면서 오히려 연출자가 자신의 음악스타일을 찾을 수 있도록 유도하는 매력을 지니고 있어야 할 당위성이 존재한다.

방송의 장르와 방송음악
(B.G.M : Back Ground Music)

방송음악은 방송 프로그램의 장르에 따라서 음악의 색이 상이한 차이점을 보이고 있다. 우선, 고전적인 분류에 의해서 방송 프로그램의 장르를 알아보면 보도, 교양, 예능, 스포츠, 드라마가 있으며, 각 장르를 세분화하면 보도에서는 일반뉴스, 종합뉴스, 뉴스해설, 정책통보, 보도기획, 스포츠매거진, 일기예보 등이 있으며, 교양은 교육학습, 사회교육, 일반교양, 어린이 교양, 종교, 생활정보, 캠페인 등이 있고, 예능에는 쇼, 코미디, 리얼리티 등이 있으며, 그 외 드라마, 영화, 스포츠 등이 있다.

요즘의 방송 프로그램의 장르는 위의 고전적 분류의 틀에서 조금씩 변형되어 교양과 예능이 합쳐진 신(新)장르의 프로그램들이 대세를 이루고 있으며, 또한 퀴즈와 예능을 접목하기도 하고, 음악경연대회와 리얼리티를 접목한 장르와 같은 소위 크로스오버 내지는 퓨전에 가까운 복합적인 새로운 포맷의 프로그램이 인기를 누리고 있다. 또한 방송매체의 발달과 케이블방송 등 채널의 수가 다양해짐에 따라서 요리, 패션 스타일, 게임(Game), 여행 등 프로그램 유형의 접근방식이 대중의 일상생활 속에서 보다 전문적이고 세부적인 체제로 변화되어 가고 있으며, 다양화 되어가고 있다. 따라서 이러한 변화의 흐름에 따른 방송음악의 색상적 변화도 당연히 뒤따르게 되었다.

　방송 프로그램 중에서 교양물은 현행 방송법(제50조)이 규정한 내용에 의하면 국민의 교양 향상, 교육을 목적으로 하는 방송과 어린이, 청소년의 교육을 목적으로 하는 방송이라고 명시되어있다. 따라서 교양물의 성격에 적절한 방송 프로그램의 장르에는 심층기획이나 다큐멘터리, 어린이 프로그램, 청소년 프로그램, 정보 프로그램, 문화탐방이나 역사기행 등이 포함되어 있다.

심층기획이나 다큐멘터리, 문화탐방 등 사실에 근거한 사건의 소재를 다루는 프로그램과 지식이나 호기심을 유발하는 내용의 프로그램은 시청자로 하여금 진실성을 느낄 수 있도록 정보를 전달해야 하며 이러한 프로그램의 경우에 음악은 현장의 촬영 분위기에 맞게 사용되어야 한다.

KBS-2TV의 [생생 정보통], [VJ특공대]를 예를 들어보면, 주로 국내의 각 지역 내에 유명한 맛집을 소개하거나 먹거리를 다루기도 하며, 흥미롭고 이색적인 이야기를 소재로 하는 경우가 많기 때문에 주로 밝은 분위기의 음악이나 경쾌하고 신선한 리듬의 메이저 스케일 성향의 음악을 주로 사용하는 경우가 보편적이라고 볼 수 있다. 물론 예외의 경우도 존재하는데, 예를 들어 독방에 홀로 외로이 기거하는 독거노인의 특별한 일상을 다루는 이야기 안에서 노인의 말 못할 사연을 듣게 되는 상황이라면 슬픈 멜로디를 연주하는 피아노 선율의 마이너스케일 성향의 음악이 어울릴 것이다. 이렇듯 영상에 비춰진 스토리와 그에 동반된 감성을 파악하고 그 분위기에 맞는 음악을 적절하게 사용하는 것이 중요하다.

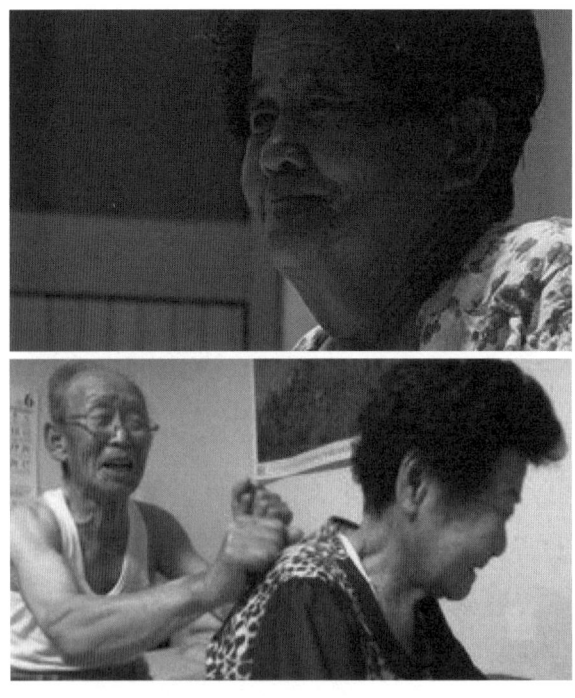

문화탐방이나 역사기행을 소재로 한 프로그램은 해당 지역의 역사적 사실에 기인한 음악의 연출도 매우 중요한 역할을 한다. 만일 촬영한 장소가 유적지일 경우에는 그 시대의 역사적인 배경이나 분위기를 표현할 수 있는 음악을 사용하는 것이 보다 효과적이며, 해외여행을 소재로 했다면 그 나라의 향토적인 음악색을 나타내고 있는 이국적인 음악이 적절하게 사용되어야 할 것이다. 특히 다큐멘터리 프로그램은 방송음악의 활용도가 매우 높은 장르이므로 영상메시지를 더욱 부각시켜주며 제작자의 의도를 좀 더 확실하게 부연설명하고 전달하기 위해 방송음악에 보다 많은 정성과 노력을 기울여 작품의 완성도를 높여 나가고 있다.

그래서 어쩌면 여타 장르보다 다큐멘터리 프로그램의 음악작업과 사운드 포스트작업이 더욱 까다롭고 신경이 많이 쓰이는 게 필자의 견해이며, 이는 대다수의 방송음악 감독들도 공감하는 부분일 것이다. 다큐멘터리의 음악이 어려운 가장 궁극적인 이유는 다큐멘터리의 고유 특성상 현실을 객관적으로 설명하고 그 이유를 증거로 제시하여 진실성을 이끌어내는 형식이기 때문에 음악의 사용이 매우 중요하다는 점이다. 따라서 객관적인 내용이 주를 이루기 때문에 음악 또한 일관성 있게 진행되어야 하며 연출자의 의도에 철저하게 맞춰나가야 하는 중요성을 지니고 있다. 또한 음악이 영상의 부수적인 역할을 하기 때문에 영상의 분위기에 모자라지도 또는 넘어서지도 않게 주관적인 감정을 배제시켜 영상의 미학을 뒷받침해 주어야 한다.

[인간극장]이나 [다큐공감], [다큐멘터리 3일]과 같은 프로그램을 보면 우리의 일상생활 속 옆집 사람들의 소소한 이야기를 다루며 그들의 희로애락을 표현하는 주제를 담고 있는 메시지가 주를 이룬다. 이렇게 사람들의 잔잔한 감동과 가슴깊이 사무치는

슬픈 이야기, 아픔과 고통을 카메라에 담아내며 그들의 이야기를 펼쳐 보이고 있으며 음악은 연출된 상황에 맞게 기쁘거나 슬프거나 또는 귀엽게, 우울하게 연출할 수 있는 음악이 사용되며, 때로는 인간의 감성코드에서 감동을 터치하는 음악의 나열로 시청자로 하여금 감성의 울림을 자극하는 표현을 이끌어내야 한다.

KBS [동물의 왕국]과 같은 동식물을 소재로 제작하는 자연 다큐멘터리의 경우를 보면, 새벽에서 아침까지 숲속의 아름다운 꽃이 활짝 피는 모습을 연출한 영상이라면 이는 생명의 신비 또는 아름다움을 표현하기 위해 아르페지오(arpeggio) 선율을 표현할 수 있는 피아노 연주곡이나 따뜻한 클래식 기타선율이 적절하게 어울릴 것이다. 또는 아름다운 화성의 현악 4중주나 하프(Harp)소리가 어우러진 신비로운 음색이 어울릴 것이다. 반면에 아프리카 초원에서 펼쳐지는 맹수들의 사냥장면이 있다면 긴장성을 유발하는 리듬감 있는 타악기나 목관악기의 멜로디라인으로 구성된 음악이 적절하다고 볼 수 있다.

동물을 소재로 한 방송 프로그램이지만 SBS [TV동물농장]의 경우는 다른 측면으로 볼 수 있다. 이 프로그램은 인간과 동물의 진정한 커뮤니케이션을 추구하는 동물 전문 프로그램으로서 인간과 동물의 순수한 사랑과 감동 스토리를 엮어가며 시청자들로 하

여금 잔잔한 감동을 선사하는 기획의도를 담고 있어 음악의 색상도 귀엽고, 발랄하며 때로는 슬프고 감동적인 구성으로 연출된다. 집에서 재롱을 피우는 강아지의 뛰어노는 영상에 맹수를 연상시키는 긴장성 있는 타악기의 연주음악이 사용되었다면 이는 시청자들의 이해에 혼란을 줄 것이다.

사건과 사고, 또는 사회적인 이슈화된 사회시각을 고발이나 취재형식으로 제작되는 리얼리티 보도다큐성 프로그램은 시청자들에게 사실성에 입각한 객관적인 내용을 알려주어야 하는 의무감을 지닌 성격의 프로그램으로 이에 사용되는 음악의 색은 다소간 무겁고 충격적이며 위협적인 느낌을 연출하도록 사용된다.

긴장감이 있고 비트감이 묻어나는 마이너스케일 성향의 음악이 주로 사용되며 때로는 전자악기(Synth Instruments) 계열의 음악이나 강렬한 느낌의 Metal-Rock 계열의 음악도 상황에 맞게 적절하게 사용될 수 있다. 대표적인 프로그램으로는 SBS [그것이 알고 싶다], MBC [PD수첩], KBS [추적 60분], 채널A [먹거리 X파일] 등이 있으며, 이러한 프로그램들의 음악색을 보면 위에서 설명한대로 대체적으로 비슷한 느낌을 표현하고 있는 것을 알 수 있다.

연예오락, 예능 프로그램의 경우를 생각해보자. 대부분의 예능 프로그램은 사회적 트렌드를 형성시키고 선도해가는 역할을 수행하며 주로 10~20대의 연령층에 많은 호응을 받고 있다. 또한 방송 트렌드도 변모하면서 단순히 예능만을 위한 것이 아닌 예능과 시사·교양의 접목, 예능과 리얼리티의 합성을 통해서 신(新) 장르의 방송 프로그램이 대세를 이루어가고 있다. 이에 따른 방송음악도 시대적 트렌드에 맞춘 변화의 양상이 뚜렷하게 보이고 있다. 물론 그 시대상의 유행하는 음악이 많이 사용되는 전반적인 흐름에는 고정적일 수 있으나, 유행이라는 변화의 내면을 들여다보면 궁극적인 음악색이 달라지는 경향이 드러나기 때문에 이 또한 음악의 변모라고 볼 수 있다. 각 방송사의 음악 프로그램은 주로 10~20대 위주를 대상으로 제작된 프로그램이기 때문에 현재 유행하는 인기가요의 나열이 두드러지며, 퀴즈 프로그램의 경우는 과거와 현재의 시점이 상이하게 달라지는 경향을 보이고 있다.

오랜 전통을 자랑하는 과거 [장학퀴즈]의 경우 타이틀 음악에서부터 클래식한 분위기의 배경음악이 주된 음악색을 지니고 있다면, KBS [도전 골든벨]의 경우에는 청소년기의 느낌을 잘 살려주는 발랄한 느낌의 경쾌한 음악이 주를 이루고 있다.

방송 3사의 대표적인 예능 프로그램인 KBS [1박2일], MBC [무한도전], SBS [런닝맨]의 경우에는 대체적으로 코믹적인 분위기를 더욱 극대화 시켜주는 장르의 음악이 많이 사용된다. 특히 음악감독의 독특한 예능적인 끼도 있다면 더욱 기발하고 재미있는 음악의 완성도가 구현될 것이다. 때로는 웃기고 엉뚱한 장면이지만, 심각하고 서정적이며 극한의 우울한 음악을 삽입하여 시청자에게 의외의 반응을 이끌어내기도 하여 색다른 청각적인 재미를 유도할 수 있어 이른바 음악의 반어적 표현을 적절하게 구사한다면 이는 해당 프로그램의 음악감독으로서의 역할을 훌륭하게 수행하고 있는 것이다. 대표적인 예시로, 세계적인 아티스트 스팅(Sting)의 명곡인 "Saint agnes and the burning train"이라는 곡은 국내에서는 마치 SBS [런닝맨]에 고정출연하는 이광수라는 캐릭터의 이른바 '배신 기린' 아이콘을 상징화시키는 음악으로 대중에게 더욱 유명해졌다.

물론, 원곡을 영상과는 상관없이 귀로만 감상한다면 마치 촉촉하게 내리는 부슬비와 어우러진 도심의 스산한 가을 분위기를 상상할 수 있을 것이다. 한 음악을 두고 바라보는 이미지의 형상이 이렇게 다를 수 있지만 어디까지나 음악이라는 예술은 정답이 없는 고민이기 때문에 가능한 것이 아닐까 싶다. 이렇게 각각의 출연하는 캐릭터의 성향과 모습에 더욱 재미있게 옷을 입혀주는 역할이 음악이기 때문에 위와 같은 예능 프로그램의 음악은 매우 중요한 역할을 수행한다. 따라서 사운드 포스트 작업의 물리적인 시간 또한 상대적으로 많이 소요될 수밖에 없다.

요즘의 예능 프로그램은 매우 많은 장르의 접목이라고 볼 수 있다. 대표적인 예시로 MBC [무한도전]-"배달의 무도" 편을 보면 일본 우토로 마을이라는 한국인 마을의 이야기를 영상으로 펼쳐 놓으며 많은 시청자들에게 그들의 슬픔과 애환, 그리고 잔잔한 감동을 주기도 했다.

이 방송이 표현하고자 했던 메시지에 동화된 것은 물론이며, 감동이라는 코드를 이끌어내는 내러티브를 지켜보면서 예능과 다큐멘터리의 새로운 접목이라는 해석으로 도출될 수 있으며, 이 상황과 분위기에 맞는 음악은 예능의 분위기보다는 다큐멘터리의 분위기에 어울리는 음악의 사용이 보이는 대표적인 사례라고 볼 수 있다.

스포츠 프로그램의 장르에 사용되는 음악은 대체적으로 역동적이고 템포가 빠른 스타일을 선호한다. 스포츠라는 특성과 적절한 접목이 되어야 하기 때문에 박진감 넘치

는 분위기를 더욱 고조시켜 주기 위해서 음악은 이러한 영상의 분위기를 보조하는 역할을 수행한다.

따라서 주로 Rock, Funk Music 등이 사용되며 때로는 웅장한 Orchestra와 Rock의 크로스오버 형식의 음악을 사용하여 승자의 포효, 관중의 환호 등 열광하는 영상의 메시지에 사운드 효과를 더욱 부각시켜주기도 한다.

드라마 프로그램의 음악은 무엇보다도 인간의 감성과 매우 밀접한 관계성을 형성하고 있다. 드라마는 시각적인 화면의 구성에 인물(캐릭터)과 행위를 대중들이 이성적으로 판단할 것을 요구하지만, 음악은 이성을 요구하기 보다는 감성에 호소하는 영향력이 더욱 두드러진다.

드라마를 보면서 분노, 슬픔, 기쁨, 즐거움, 공포, 환희, 희망 등 여러 형태로 나타나는 인간의 감성을 현실세계와 접목시키는 매개체의 역할을 하고 있는 것이 음악이다. 그래서 드라마의 음악은 극의 내러티브와 캐릭터의 성향을 대중에게 설득할 수 있는 중요한 수단으로 자리잡고 있으며 이러한 설득으로 인해 사회 유행에 민감한 대중의 심리를 자극시키는 효과를 주고 있다.

드라마에서 표현되는 음악의 종류에는 크게 주제음악과 테마음악으로 구분되는데, 고정적인 주제음악은 드라마의 성공과 함께 시대의 유행을 이끌어가며 이른바 대중에게 Lock-In Effect(고착화효과)를 도출해낼 수 있다. 대표적인 예시로 1994년 MBC 드라마인 [마지막 승부]의 메인 주제음악인 "마지막 승부"를 지금도 어디선가 듣게 된다면 그때 그 드라마의 장면들이 기억되는 것을 알 수 있다. 이렇게 드라마는 종영되었지만 음악은 과거나 현재, 또는 미래의 어느 시점에서 다시 듣게 된다 하더라도 그 드라마를 연상하게 될 것이다.

이러한 대중의 시선에 각인되는 것이 Lock-In Effect(고착화효과)이다. 요즘의 드라마는 대부분 이러한 주제음악이 필수적이며, 내러티브의 감성에 맞게 주제곡을 작곡하는 경향이 두드러진다. 테마음악은 드라마에 등장하는 중요인물(캐릭터)의 성향이나 시대적 상황 또는 중요한 설정에 맞춰진 음악의 나열들로 이 또한 요즘은 주로 작곡을 하여 감성적 측면의 매칭구조를 더욱 부각시키고 있다. 1995년에 제작된 SBS [모래시계]의 경우, 극의 대치되고 있는 중요한 캐릭터들의 테마가 있는데, 혜란의 테마, 태수의 테마, 우석의 테마 등이 대표적인 예이다. 또한 중요한 설정에 맞춘 테마음악도 존재하는데, 태수와 혜란의 사랑을 표현하기 위한 러브테마도 이 드라마가 지니고 있는 테마음악의 중요한 설정이라고 볼 수 있다. 이 외에도 현존하는 많은 드라마 프로그램에는 그들이 추구하는 내러티브에 맞춘 주제음악과 테마음악이 거의 대부분 보편화되고 있다고 해석될 수 있다.

드라마 중에서도 국내의 많은 시청자들에게 꾸준하게 많은 사랑을 받고 있는 사극의 경우를 보면, 예전과 현재의 시점에서 약간의 변화를 보이고 있다. 역사적 사실을 근거로 한 정통 사극과 인간의 상상력에 의한 창작 판타지 사극으로 구분지어 보면 정통 사극은 그 시대의 시대상을 느낄 수 있는 악기의 배열에 의한 웅장하고 국악과 단조로운 전통악기의 연주곡으로 배경음악을 제작하는 경우가 대부분이다. 반면에 판타지 사극은 전통악기와 현대악기의 적절한 배합에 의한 퓨전국악의 장르가 사용되기도 하며, 때로는 현대 장르인 정통 발라드와 같은 현대 느낌의 음악도 많이 사용되어 시대적 배경과는 상관없이 인간의 감성적 코드에 매치되는 음악에 초점을 맞추는 경향이 근래의 시점에서는 두드러지게 나타나는 경향도 있다. 필자도 처음 판타지 사극에 현대적인 느낌의 발라드 음악이 나온 경우를 접했을 때, 다소 의외적인 반응을 보이며 음악색에 대한 의심을 했던 시기도 있었으나, 현재에는 이러한 음악의 사용이 마치 사회적 트렌드화 되어가는 것처럼 변화하면서 나도 모르게 동화되고 있었음을 알게 되었다. 그리고 '음악이 전혀 어울리지 않는다.' 라는 해석보다는 '저렇게도 어울릴 수 있구나' 하는 또 하나의 깨달음을 얻게 되었다.

언제나 그랬듯이 음악과 음향에는 정답이 없는 고민의 연속이다. 그러나 우리는 그럼에도 이해하고 알 수 있는 건 우리의 내재되어 있는 인식 속에는 보편타당함과 의외성을 동시에 적용시킬 수 있으며 또한 평가를 함에 있어 인간의 감성과의 매칭에 많은 부분을 지배당하고 있기 때문이다.

"슬프도록 아름다운 이야기"가 있다.

분명히 슬픈데 아름다운 건 도대체 무엇일까.... 그러나 우리는 분명히 알고 있다. 이것이 바로 우리의 감성이며 이 감성을 터치해주는 음악에는 당연히 정답이 없음을 말하지 않아도 알고 있다는 것에서부터 방송음악과 음향은 시작되는 것이다.

오마주(Hommage) 그리고 방송음악

　오마주(Hommage)는 '존경, 경의'를 뜻하는 프랑스어이다. 보통 영화인들 사이에서 후배 영화인이 존경하는 선배 영화인의 기술적 재능이나 그의 작품을 통한 업적에 대한 공덕을 칭송하며 감명 깊은 대사나 장면을 자기의 작품에 모방하여 삽입하는 경우에 '오마주'라는 단어를 많이 거론한다. 오마주는 보통 원작 영화 속의 장면을 그대로 삽입할 수도 있고, 또는 이와 유사한 분위기나 설정을 모방하거나 혹은 특정 감독의 스타일을 따라하는 등의 여러 형태로 표현할 수도 있다.

　대표적인 예를 들면, 미국의 브라이언 드 팔마(Brian De Palma) 감독은 영국 출신의 미국감독인 알프레드 히치콕(Alfred Hitchcock)의 작품으로부터 많은 영감을 받고, 자신의 영화를 제작할 때 위대한 영화감독이 만든 영화의 한 장면을 그대로 인용하기도 했다. 영화 [Dressed to Kill](1980년 작품)은 히치콕 감독의 [Psycho](1960년 작품)에 대한 대표적인 오마주라고 볼 수 있다.

　방송음악에 있어 오마주(Hommage)는 매우 많이 존재한다. 어쩌면 당연한 이치일 수 있는데, 우리는 어디선가 많이 들어본 음악에 익숙해져 있다. 그만큼 친밀도가 높은 음악이 TV를 통해서 흘러나오게 되면 자연스레 음악과 더불어 TV 화면에 더욱 집중하게 된다. 얼마 전 봤던 영화의 OST중에서 내가 좋아하는 곡이 나오면 혹시 그 영화가 아닐

까 하는 기대심리가 작용된다. 하지만 TV 화면에 나온 장면은 영화의 그 장면과는 다른 별개의 씬(Scene)으로 구성되어 있고, 새로운 얘기의 구성에 음악이 흐르고 있는 것이다. 하지만 이상하게도 그 음악은 그 영상과 절묘한 조합을 이루고 있을 때 음악의 재발견을 느끼게 된다. 이렇게 방송 프로그램에 녹아 들어간 방송음악은 여러 장르가 복합적으로 연결되어 하나의 이야기 구성을 이끌어가고 있다. 여기에 삽입된 음악 중에서 대중에게 밀접한 친밀도를 보유한 음악의 사용은 자칫하면 원작자의 음악적 이데올로기에 부정적인 견해를 가져다 줄 수도 있지만, 다른 시각으로 바라보면 새로운 매체의 접목을 통해서 드러낼 수 있는 또 다른 가치부여를 생성할 수 있는, 그리고 음악의 예술적 가치를 더욱 올려주는 하나의 매체의 변용적 재해석으로 이해할 수 있다.

즉, 방송음악은 영화음악(OST)과 대중음악을 적극적으로 이용하고 있는 점에서 오마주의 느낌을 상대적으로 많이 포용하고 있다. 이는 창작된 음악의 고유 권한을 침해하기 보다는 또 다른 시각에서 적용될 수도 있는 감성코드를 대중에게 전달하고, 심리

적 효과를 증가시키는 역할의 일부분으로 봐야 할 것이다.

또한 다양한 시각과 매체로의 노출을 통해서 해당 음악의 가치사슬에 상승효과를 가져다 줄 것으로 보인다. 이러한 해석의 배경에는 원곡을 제작한 원작자의 존경심에서 비롯될 수 있으며, 이를 음악의 오마주(Hommage)라고 할 수 있다. 그리고 이러한 오마주 기법을 이용한 방송음악은 새로운 감성의 발견이자 재창조(Re-Creation)의 의미로 해석된다.

 포스트모더니즘을 반영한 방송음악

우리는 현재 포스트모던시대에 살아가고 있다. 매일매일 수많은 정보와 기사 그리고 사건사고를 접하고 인터넷과 방송, 신문, 광고 등의 다양한 매체를 통해서 어쩌면 이 많은 정보 속에서 혼란스러움을 느끼며 살아가고 있는 것이다. 그러나 이러한 혼란성이 어쩌면 사회문화의 다양성을 내포하고 있는 것은 아닌가하는 반론을 제시하며, 이 다양성의 근원을 좀 더 파헤쳐 보면 우리는 포스트모더니즘을 발견할 수 있다.

포스트모더니즘이란, 과학적 합리성과 사회적 진보라는 이성중심의 근대화적 사상에 기반을 둔 모더니즘의 연속이면서 부정이라고 볼 수 있다.

모더니즘은 종래의 전통이나 권위를 반대하며 근대의 과학이나 문화에 의해서 자유롭고 평등한 근대인으로서 살아가려는 개인주의의 입장을 말한다. 더불어 기계 문명이나 도시 생활의 근대성 그리고 예술적 근대주의와 서양 미술의 전반적인 보편적 감각을 중시하는 경향을 지칭하기도 하다.

이러한 모더니즘의 사상에 이른바 '탈 이데올로기'라는 명분으로 개인의 개성과 자율성 그리고 다양성에 대한 존중을 주장하며 포스트모더니즘이 등장하게 되었다. 예술장르에 있어 포스트모더니즘은 획기적인 변화의 바람을 일으켰으며, 이러한 변화에 의해 예술을 추구하는 창작자와 예술을 감상하고 평가하는 대중들의 시각에도 많은 영향을 주었다.

철학에서의 포스트모더니즘은 포스트구조주의의 영향을 통해서, 예술계에서 포스트모더니즘은 사실주의와 모더니즘의 반발 작용으로 인해 일어났다고 보는 것이 일반적이지만 철학과 예술 두 영역에서 서로 추구했던 점은 비슷하다고 볼 수 있다.

모더니즘이 이상주의에 근거한 투철한 낙관성을 내세웠다면 포스트모더니즘은 특별한 이상은 없을지라도 다양성을 존중하는 입장을 내세웠다고 볼 수 있다. 그래서 포스트모더니즘은 흔히 탈근대주의, 탈현대주의, 후기 모더니즘이라고도 불린다. 마치 이상한 구도와 이상한 색채의 구조로 이루어진, 모더니즘에선 인정해주지 않았던 그림을 포스트모더니즘에서는 훌륭한 예술로 인정하는 입장의 대립으로 해석될 수 있듯이 개인의 다양성과 개성을 중시하며 하나의 예술로서의 가치를 부여할 수 있는 포스트모더니즘은 비단 미술 분야에서만 국한되지 않고 여러 분야의 예술에서 가치를 인정받고 있다.

어쩌면 이러한 포스트모더니즘의 궁극적인 지향점은 인간이 가지고 있는 틀 안에서 규정짓고자 하는 경계의 구분을 해체하는 것이라고 봐야 할 것이다. 그리고 자유로운 이데올로기의 추구를 통해서 새로운 개념을 창출하고 표현할 수 있는 행위들의 나열이며 반드시 뚜렷한 의식을 내포하고 있음을 의미한다.

어쩌면 이러한 포스트모더니즘은 기존의 예술에 대한 인식과 가치를 부정하고 새로운 예술의 개념을 추구하는 아방가르드(Avant Garde)와 매우 유사한 점을 내포하고 있는 것이라고 해석할 수 있다.

예전의 방송이라는 매체를 보면 철저하게 제작자와 시청자가 마치 이분법처럼 나눠진 형태를 고수하고 있었으며, 제작자의 고유권한인 프로그램의 제작의도와 방향성을 일방적으로 시청자에게 전달하고자 했고, 시청자는 일방적으로 전달받기만 했었다. 그러나 요즘의 방송매체는 제작자와 시청자의 경계선이 무너지고 있으며 이른바 프로슈머[Prosumer]의 새로운 형태로 변화되고 있는 점에서 구조적인 부분에서도 포스트모더니즘은 적용되고 있다.

방송프로그램의 포맷을 면밀히 분석해보면 과거와 현재의 시점에서 상당부분 차이점을 보이고 있다. 과거의 방송은 교양과 예능, 스포츠, 보도 등 그 경계선이 확실하여 서로의 영역을 엄격하게 지켜내고 있음을 알 수 있다. 마치 이 영역은 서로간의 지켜야 할 예의로써 한정된 영역 안에서 그들만의 색깔을 추구해왔다. 하지만 현재의 방송은 마치 영역의 무의미함을 드러내듯이 서로의 영역을 넘나들며 새로운 형태의 방송포맷을 만들어오고 있다.

방송에서 몰래카메라의 초기 등장은 그야말로 극단적인 실험으로 연예인 또는 일반인들의 사생활을 담아내어 그들의 일거수일투족을 감시하듯 영상으로 표현했다. 대표적인 프로그램으로 네덜란드의 대표적인 방송 포맷전문기업인 [엔데몰]사의 [빅브라더(Big Brother]라는 프로그램을 들 수 있다.

일정 기간 동안 외부 세상과 단절된 상태에서 카메라의 감시를 받는 큰 집에서 24시간 함께 생활하는 동거인들을 보여주는 프로그램이다. 이 프로그램이 전 세계적인 인기를 받게 되며 이러한 방송포맷을 수출하는 큰 성과를 낳게 되었다.

과거의 어느 시점에서 또는 필자의 어린 시절을 생각해보면 어떻게 몰래카메라의 등장과 이 카메라를 통해서 담아낸 남의 사생활이 과연 방송으로 만들어질 수 있을까 하는 의문점은 과거의 방송포맷을 보면 당연하게 생각할 수 있을 것이다. 하지만 이제는 몰래카메라뿐만이 아닌 방송의 장르를 구분하지 않고 다양하게 접목시켜 대중에게 접근하고 있다.

그리고 이러한 새로운 시도들은 많은 성공사례를 낳게 되고, 현재에는 단순한 포맷으로의 구성이 더 이상 방송계에 설 자리가 희박해질 정도로 급속도로 발전하고 있다. 이러한 방송포맷의 변화 또한 포스트모더니즘의 대표적인 사례라고 할 수 있으며, 이제는 TV를 시청하는 대중들의 인식 속에는 우리도 모르는 사이에 포스트모더니즘이 자리잡고 있는 것이다.

그리고 이러한 변화가 포스트모더니즘이라는 사실도 모르는 채 당연하게 받아들이고 또한 즐기고 있을 뿐이다.

음악은 인간의 청각적 요소를 자극하여 감성의 울림을 표현하는 매체이며, 영상 텍스트의 서사구조에 부연설명을 해주는 역할을 한다. 슬픔을 나타내는 장면에 슬픈 음악을, 기쁘고 신나는 분위기에 신나는 음악을 삽입해서 영상 텍스트가 나타내고자 하는 감성적 코드를 더욱 증대시켜주는 중요한 도구라고 볼 수 있다. 따라서 영상의 보조 역할을 수행하는 음악은 연출하고자 하는 의도와 감성에 적절하게 배합되어야 하며 음악의 감성이 영상보다 먼저 선행되지 않도록 사용되는 것이 일반적이다.

그러나 방송과 영화 등 영상콘텐츠의 이데아(idea)가 변화하면서 음악의 변화도 우리의 고정적 관념이나 특정한 틀에 가두지 않고, 자유로운 개성과 변화의 허용을 추구하면서 이른바 포스트모더니즘적 사고의 표현을 적절하게 구사하고 있다. 2014년 영화 개봉작이었던 [엑스맨: 데이즈 오브 퓨처 패스트(X-Men: Days of Future Past)]의 명장면 중에서 필자의 기억에 가장 강한 인상을 남긴 씬(Scene)을 예로 들어보자. 핑크 플로이드 티셔츠를 입고 커다란 고글을 낀 괴짜 캐릭터 '퀵실버'의 활약상에서 사운드의 엉뚱함을 발견할 수 있다.

위기의 순간에서 초음속으로 주방을 휩쓸며 강렬한 이미지를 쏟아내는 이 장면을 상상해보면 템포가 빠른 강렬한 Rock사운드의 음악이 어울리는 게 일반적이지만, 이 영화의 감독은 의외로 짐 크로스(Jim Croce)의 "Time in a bottle"이라는 잔잔한

12. 오마주(Hommage) 그리고 방송음악

포크송의 매치업으로 표현했다. 그리고 이 음악은 절묘하게도 영상과 어우러져 이 씬(Scene)의 오묘한 코믹적 요소를 건드리게 된다. 그리고 이를 감상한 대중들의 호응을 얻어내어 이 영화의 명장면으로 꼽히게 되었다. 어쩌면 이 포크송의 등장은 광속의 몸놀림에 유머러스한 성격을 겸비한 강한 임팩트를 주는 '퀵실버'라는 캐릭터를 표현하기에 매우 적절한 음악이 아니었는가하는 해석을 하게 된다. 방송에서 추구하는 방송음악의 패러다임은 예전과 많이 다르게 변모하고 있다.

앞서 거론했듯이 기존의 정형화된 틀과 고정적 관념을 유지하며 방송음악을 추구했던 예전에 비해 요즘의 방송음악은 앞서 언급한 영화 속 OST음악이나 삽입음악의 감성적 코드가 색다르게 진행되는 것처럼 기존의 틀을 상당부분 뒤집어보는 형식의 음악을 많이 사용하고 있다. 역동적이며 스피디한 스포츠 장면에 우아한 클래식음악이 삽입되는가 하면, 꼬마아이가 공을 차며 재미있게 놀고 있는 재롱잔치 비슷한 장면에 파워풀하고 스피디한 록(Rock) 음악을 삽입하여 스포츠 중계의 느낌을 주는 감성에 대중들은 음악의 기발하고 재치가 넘치는 신개념 패러다임을 경험하게 되는 것이다. 이렇게 방송이라는 매체에서 발생되는 영상텍스트의 메시지를 부연 설명하는 방송음악의 변화는 고정적인 인간의 개념적 틀에 저항하고 새롭게 접근하는 탈 이데올로기적 방송미학이라는 표현이 어울릴 것이다.

어쩌면 방송의 전개과정 속에서 음악을 관점의 변화에 대입시켜 보면 이러한 스킬이 적용되고 있는 것을 알 수 있다. 위에서 언급한 꼬마아이의 공차는 장면을 예를 들어보면, 그저 단순히 시청자적 관점에서 바라본다면 그냥 귀엽고 재미있는 모습일 것이다. 그러나 관점을 바꿔서 생각해 보자. 시청자가 아닌 장면의 주인공으로 관점을 돌려서 감정 상태를 표현해본다면, 이 꼬마아이는 공을 가지고 노는 것 이상의 그 무언가가 내재되어 있음을 알 수 있다. 어른의 시각에서는 재롱일수도 있겠지만, 마치 자신이 스포츠 스타인 양 뛰어다니는 그 꼬마아이의 마음속에는 스포츠에 대한 사내의 집념이 담겨져 있을 것이다. 그리고 그 공을 뻥 차서 골인을 시키고 싶은 마음이 간절한 상태라고 짐작할 수 있다. 이러한 사내아이의 모습을 성인 남성들은 한 번쯤 경험했을 것이고, 이때의 감정 상태를 꼬마아이의 관점에서 해석해보면 이 장면은 반드시 스포츠 경기이어야만 한다. 이렇게 관점의 변화가 가져온 심리작용의 이동성이 방송음악의 패러다임을 변화시켜주는 하나의 주요한 요인으로 적용되고 있다.

방송음악의 시대적인 변화에는 마치 몸에 어울리지 않는 옷을 입게 되는 위험성이 동반되어 존재하지만, 반면에 개성이라는 테두리 안에서 허용될 수 있는 많은 영향력을 오히려 보여줄 수도 있는 양면성을 지니고 있다. 중요한 사실은 이러한 모험이 방송음악의 발전을 만들어 나가는 원동력이 되었으며, 현재에도 많은 방송음악의 모험으로 방송의 질적 향상을 이끌어가고 있는 중이라는 것이다. 즉, 방송음악의 포스트모더니즘적 이데올로기를 구현해 나가고 있으며 이 이데올로기를 듣고 감상하는 대중들의 의식에 변화를 주는 것이 현재의 방송음악의 역할이라고 볼 수 있다.

향후 전개될 방송음악의 발전은 그저 단순한 배경음악의 위치에서 접근하는 것이 아닌 음악 그 자체가 가지고 있는 이데올로기의 반영을 투영시키는 역할을 해나갈 것이며 진보적인 메시지의 전달매체가 될 것이다. 그리고 음악이라는 오디오 텍스트 안에서 펼쳐지는 또 하나의 내러티브를 구성하여 대중에게 신선하게 접근하는 중요한 매체임이 분명함을 제시한다.

13 사운드 포스트 (Sound Post-Production)

"감독님. 정말 죄송한데요… 지금 종편이 조금 늦어지고 있는데 어떡하죠?"

"그 프로그램 내일 몇 시에 방송 송출이죠?"

"내일 오전 6시요."

"헉~ 그럼 저희한테 넘겨주시면 저희가 작업할 시간이 몇 시간 안 되겠네요?"

"정말 죄송합니다. 오늘은 일이 계속 꼬이네요."

"아니 그래도 그렇지… 에혀~ PD님. 그럼 언제쯤 오실 예정인가요?"

"영상마스터를 밤늦게나 가지고 갈 것 같은데요."

"대략 몇 시쯤인지?"

"최대한 빨리해서 밤 11시까지는 꼭 가도록 하겠습니다."

"네. 알겠습니다. 그럼 새벽 1시겠군요.
PD님. 제발 늦지 말아주세요. 부탁드립니다. 저희도 지쳐가고 있어요."

"네~ 정말 죄송합니다."

지금 이 순간에도 서울의 어느 방송포스트 녹음실에서는 수십 번 오고갔을 통화내용들이다. 필자 또한 필드에서의 이러한 상황들을 적지 않게 경험했기에 소위 피를 말리는 시간과의 전쟁을 치르는 방송작업에서 가장 마지막 단계를 수행하는 방송사운드 포스트는 언제나 그랬듯 늘 부족한 작업시간 속에서 최대의 시너지 효과를 표현하기 위해 고군분투하고 있다. 따라서 현업에 종사하는 방송음악감독의 작업속도는 나날이 빨라져가고 있으며, 또한 제작진의 기대에 부응할 수 있도록 최대의 퀄리티를 도출해 내도록 밤샘작업을 늘 대수롭지 않게 여기며 수행해 나가고 있다. 이러한 시간과의 전쟁을 통해서 최종 제작된 방송 프로그램이 시청자들의 안방으로 공급되고 있는 것이다. 이러한 국내의 방송사운드 포스트 작업환경에서는 오직 음악감독과 음향감독 자신들만이 프로그램의 사운드 퀄리티에 대해서 스스로 평가를 내릴 수 있다. '이번 회차는 음악이 좀 지루했어.', '저번 회차는 정말 잘된 케이스 같아.' 등등 그들만이 이 세계의 진정성에 대해서 갑론을박을 내놓을 수 있는 유일한 '사운드 커뮤니케이터(Sound Communicator)'라고 볼 수 있다. 더불어 필자가 궁극적으로 얘기할 수 있는 것이 바로 이들을 '사운드 연출가'라고 하는 것이다.

방송 프로그램의 제작과정은 앞서 언급했듯이 '프리 프로덕션(Pre-Production) - 프로덕션(Production) - 포스트 프로덕션(Post-Production)'이라는 3단계의 과정을 거쳐서 비로소 완성되는 것이다. 여기에도 각각의 단계에서 세부적인 작업과정이 있으며, 이러한 세부적인 절차를 거쳐 가장 마지막에 도착하는 곳은 바로 방송 사운드 포스트 작업공간이 되는 것이다. 흔히 말하는 방송 녹음스튜디오(녹음실)가 바로 사운드 포스트를 작업하는 곳이다. 이 과정은 방송에 나오는 모든 소리들을 정리하고 배열해 시청자가 듣기 좋도록 음향의 방송표준레벨을 맞춰 가면서 믹싱과 마스터링을 하는 단계이며, 오디오의 가장 마지막 완성을 만들어가는 작업이라고 이해하면 될 것이다.

지금부터 언급하는 사운드 포스트의 이야기는 필자의 경험적 측면을 토대로 펼쳐나갈 것이며, 각각의 환경과 상황에 따라서, 또는 현업 종사자들마다 자신만의 스타일에 따라서 상이한 사항들이 있음을 인정하며 전개해 보도록 하겠다.

방송 사운드포스트 과정은 크게 3가지의 작업으로 구성되어 있다.

사운드 총괄감독에게 전달되는 영상마스터에 사운드는 배경음악(BGM), 효과(Effect), 믹싱(Mixing)이라는 과정을 통해서 오디오마스터(Audiomaster)가 완성된다. 방송환경의 디지털화가 구축되면서 이 오디오마스터는 제작방식에 따라 두 가지의 형식으로 제작PD에게 전달할 수 있는데, 첫 번째는 테이프(Tape) 기반으로 제작이 이루어졌을 경우, 오디오는 믹싱콘솔과 VCR데크와의 연동체계를 통해 실시간 테이프(Tape)로 직접 오디오를 삽입해 마스터테이프(Master Tape)를 최종적으로 제작하는 방식이며, 두 번째는 파일(File) 기반의 형태로 제작이 이루어졌을 경우, 사운드는 오디오마스터(Audiomaster) 파일을 제작PD에게 전달해 넌리니어 시스템(Non-Linear System)에서 최종적인 작품을 완성하는 방식이다. 디지털 기술의 발전으로 현재 다수의 방송제작사가 파일(File) 기반의 제작형식으로 전환되고 있는 상황이지만, 기존의 테이프(Tape)로 제작하는 방식을 선호하는 제작사들도 상당수 있다.

먼저 영상마스터를 각 사운드 파트의 담당자에게 전달해 배경음악(BGM), 효과(Effect) 작업을 시작한다. 그 사이에 믹싱감독은 영상마스터에 삽입되어 있는 S.O.V.(Sound of Venue), 즉 현장음이라는 디제시스 사운드를 방송표준레벨에 맞게 적절하게 사운드 컨트롤하는 작업을 하게 된다. 흔히 이 작업과정을 현업에서는 '톤을 잡는다'라고 표현한다. 현장에서 PD와 카메라감독이 촬영해오는 영상에 함께 삽입되어 오는 오디오 소스는 톤과 오디오 레벨이 매우 불규칙적이며 부자연스럽게 들린다. 이렇게 전달되어 온 부자연스러운 소리를 시청자의 귀에 거슬리지 않도록 적절하게 조절하는 작업과정이기 때문에 사운드 포스트 작업의 초기 단계에서 매우 중요한 역할을 한다. 이 과정에서 음악감독과 효과감독은 주로 베가스 프로그램을 사용하며, 믹싱감독은 프로툴을 이용하는 것이 일반적이다. 물론 1인 체제의 녹음 스튜디오에서는 프로툴로 음악, 효과 등 모든 작업을 소화하는 경우도 많지만, 기본적으로 베가스와 프로툴을 이용한 작업과정이 방송환경에 유용하기 때문에 주로 두 프로그램의 연동을 통해 포스트 작업을 하게 된다. 프로툴을 이용해 톤을 조절하는 단계에서부터 프로툴의 오토메이션(Automation) 기능을 사용하게 되는데, 이 기능은 작업하는 과정을 실시간으로 컨트롤러의 볼륨페이더로 레벨을 조정하는 기능이며, 프로툴 운용 과정에서 좀 더 자세히 알아보도록 하겠다.

영상마스터에 삽입하게 될 배경음악, 효과 그리고 현장음(S.O.V.)의 1단계 작업이 마무리되면 모든 오디오 소스를 프로툴에 올려놓고 실시간 오토메이션 기능을 이용한 믹싱작업과정을 하게 된다. 마찬가지로 방송표준레벨에 입각한 믹싱과정이기 때문에 믹싱감독은 전체적인 오디오밸런스를 체크해가며 믹싱해야 한다. 이 단계에서 매우 중요한 사항은 레퍼런스를 무엇으로 정하는가이다. 대부분의 방송 프로그램에서 오디오의 중요도를 분석해보면 다음과 같다.

1. 현장 진행멘트(SOV의 MC멘트 또는 스튜디오 진행멘트)
2. 내레이션(VCR에 삽입된 나레이션)
3. 현장음 중 중요한 사운드(전체적인 스토리에 중요성을 나타내는 현장음)
4. 배경음악(BGM)
5. 효과음(Effect)

방송 프로그램의 성격에 의해 때에 따라서 효과음이 배경음악보다 더 중요하게 들릴 수 있도록 하는 경우도 있다. 특히 스튜디오에서 제작되는 종합구성 프로그램이나 예능 프로그램의 경우 코믹적인 효과음이 부각되어 시청자에게 웃음과 재미를 주는 경우가 대표적인 예시이다. 그러나 예외적인 경우를 제외하고 대체적으로 위와 같은 순서대로 시청자에게 잘 들리도록 오디오 밸런스와 음색 보정 및 여러가지 시그널 프로세싱을 조절하는 것이 방송 프로그램의 오디오 믹싱이다.

현장음의 사운드가 듣기에 거슬릴 정도로 노이즈가 심하다고 판단되면, 해당 노이즈의 주파수 대역을 찾아내어 EQ로 제거하거나 적절하게 감쇄시키고, 영상의 컷(Cut)과 컷(Cut) 사이에 장소가 바뀔 경우, 현장음은 사운드에서 귀에 명확하게 차이가 느

낄 정도로 뛰는 현상이 발생한다. 이럴 경우에는 미세하게 페이드(Fade) 조절을 통해서 매끄럽게 조정해 주기도 한다. 이러한 세세한 작업이 오디오 믹싱 과정에서 이루어져야 한다.

믹싱 과정에서 영상의 최종 마스터를 추출하기 위한 오디오 믹싱에서 프로툴의 오토메이션 기능은 방송의 처음부터 끝까지 전체적으로 컨트롤해야 하기 때문에 방송에서 매우 중요한 역할을 하게 된다.

믹싱작업 과정이 완료되면 마스터링 과정으로 들어가게 되는데, 이 과정은 사운드의 전반적인 다이내믹 레인지(Dynamic Range)를 좁혀주는 역할을 하며, 전체적인 모든 사운드가 고르게 잘 들리도록 조정하는 단계라고 보면 될 것이다.

이렇게 믹싱과 마스터링까지 모두 마무리된 오디오마스터가 영상마스터에 동기화(싱크:Sync)되면 사운드 포스트작업은 완료되는 것이다. 그리고 이런 과정을 거친 최종 방송본이 시청자에게 전달되어 방송 프로그램화 되는 것이다.

오디오 믹싱작업에서는 필수적으로 페이즈스코프(Phasescope)를 모니터링하는 습관을 들여야 한다. 페이즈스코프(Phasescope)는 오디오레벨을 측정하는 미터도 확인하지만, 무엇보다도 오디오의 위상측정에 용이한 장비이다.

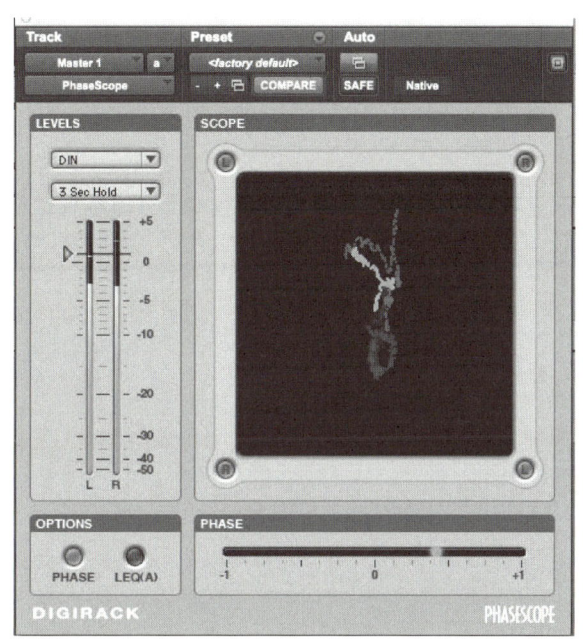

 **페이즈스코프(Phasescope)**

위상이란 미리 정한 시점에서 소리의 파동이 얼마나 진행되었는지를 나타내는 값을 말하며, 두 개의 동일한 파형 사이에 시간 지연(Time delay)이 생긴다면 두 파형 사이에는 위상변이(Phase Shift)가 발생한다.

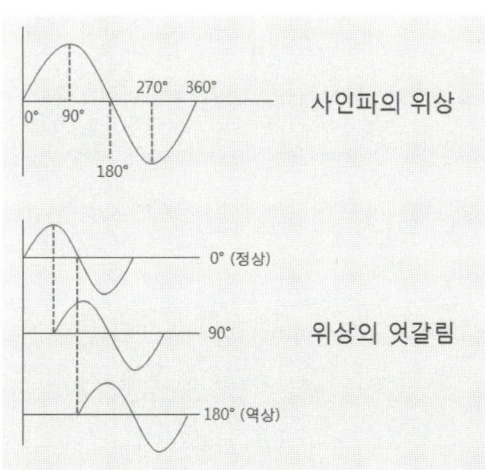

위상변이가 발생하는 주된 요인으로는 방송보다 음악 레코딩 분야에서 더욱 쉽게 찾아볼 수 있다. 레코딩에서 서로 다른 위치에 있는 두 개 또는 그 이상의 마이크(Mic)로 전달될 때의 시간차에 의해서 음질의 왜곡이 생기는 것을 말한다. 즉, 위상이 중요한 이유는 신호가 합쳐질 경우 위상에 따라 중첩과 상쇄가 반복해서 일어나기 때문에 원래의 신호가 왜곡될 수 있다는 점이다.

음악 레코딩 및 믹싱 분야에서는 상황에 따라서 이러한 위상, 즉 음향위상반전을 적절하게 사용해 사운드를 의두적으로 변형, 사운드의 개성 넘치는 프로듀싱을 통해 대중의 귀를 즐겁게 하는 경우도 있다. 그리고 위상을 이용한 이펙터(Effector)역할의 기능을 탑재한 플러그 인도 다양하게 출시되고 있어 위상을 이용한 음악의 개성추구는 이미 알려진 사실이라고 볼 수 있다. 하지만 방송에서는 위상변이가 매우 민감하고 중요하게 다뤄지고 있는 위험한 요소라고 볼 수 있으며, 특히 위상반전의 경우는 치명적인 방송사고로도 이어질 수 있기 때문에 매우 조심스러운 부분이다.

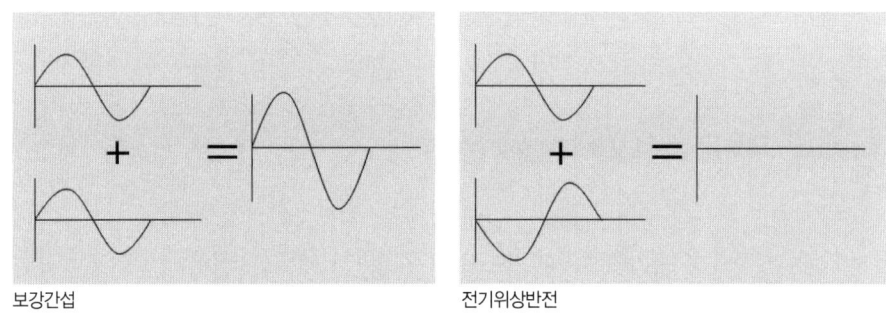

보강간섭   전기위상반전

방송에서는 여러 개의 오디오 소스를 하나로 묶어 믹싱과 마스터링과정을 거쳐 최종 오디오마스터를 만들어낸다. 이 과정에서 같은 위상을 가진 두 오디오 파형이 중첩되면 진폭은 두 배로 커지는 보강간섭(Constructive Interference)이 발생되고, 180° 서로 다른 위상의 오디오 파형이 중첩되면 전기위상반전(Destructive Interference)이 발생된다. 방송에서 이러한 위상반전은 주로 장비의 +와 -이 극성이 바뀐 상태에서 신호의 입력을 체크할 때 발생하는 경우가 대부분이다.

마이크, 레코더 등 여러 장비 중 어느 한 개라도 극성이 바뀌면 이와 같은 현상이 발생되며, 이를 전기위상반전이라고 한다. 전기위상반전은 크기가 같고 극성이 반대인 두 오디오 신호를 합할 때 생기는 것이며, 이렇게 합쳐진 신호는 역상관계가 되어 최악의 상황으로는 무음으로 신호처리가 되어 방송 오디오레벨에 최악의 영향을 주게 된다. 때문에 이러한 사고를 최소화하고 위상반전 여부를 체크하기 위해 반드시 페이즈 스 코프(Phasescope)는 중요하며 사운드 포스트 작업과정에서 항상 활성화시키는 습관을 두는 것이 좋다.

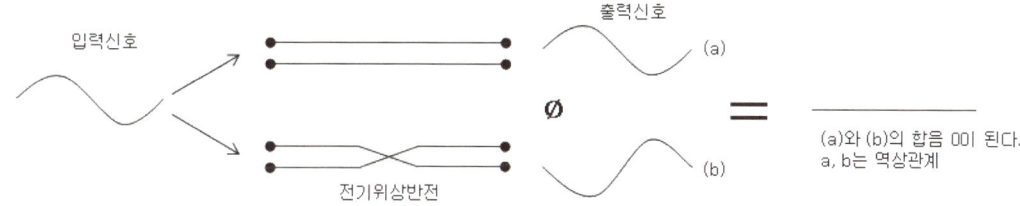

전기위상반전

 **전기위상반전**

방송은 영상과 오디오 등의 기저대역 신호(Baseband Signal), 즉 정보 신호를 송출하기 위해서 반송파 신호(캐리어신호: Carrier Signal)를 이용한다. 반송파 신호는 다중 채널 반송 전송방식에 쓰이는 임의 형태의 신호기술이다. 정보 신호를 송출하기 위해서는 송신측에서 수신측으로 전송할 때 전송매체를 통해 신호를 전달하게 된다. 유, 무선의 다양한 경로를 통해서 전달하게 되는데, 이 과정에서 기존의 정보 신호는 잡음, 간섭, 왜곡 등의 다양한 원인에 의해 신호의 품질에 손상이 생기는 현상이 발생한다. 이렇게 손상된 신호를 수신측에서 받아들이면 결국에는 잘못된 정보 신호를 전달받게 되는 경우가 발생된다. 그래서 이러한 정보 신호를 수신측에 안전하게 전달하기 위해 고주파 신호에 싣게 되는데, 이 과정을 변조(Modulation)라고 한다. 그리고 수신측에서는 정보 신호와 고주파 신호인 반송파 신호를 분리하여 기존의 정보 신호를 추출하는 과정을 진행하게 되는데, 이 과정을 복조(Demodulation)라고 한다.

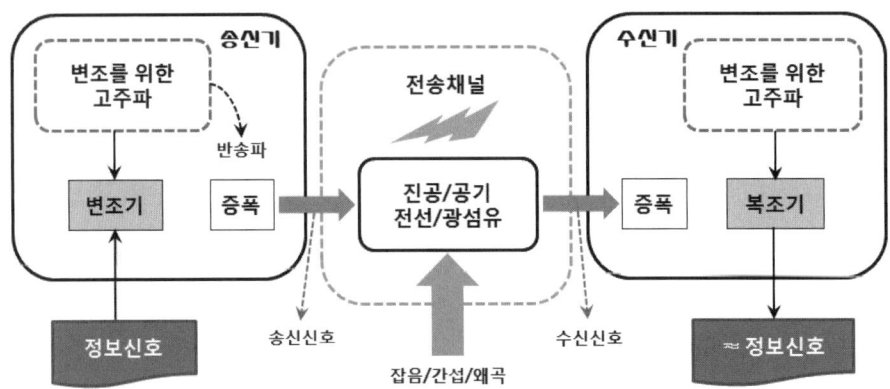

이러한 변조, 복조 과정을 거쳐서 비로소 시청자가 방송을 시청하게 되는 것이다.

오디오의 전기위상반전 경우에는 위의 변조, 복조 과정에서 오디오의 정보 신호가 전기위상반전 형태로 추출되고 반송파 신호와 함께 변조되어 전송된 신호를 복조하게 되면 위상반전의 형태로 원본 추출하게 되어 원래의 음질인 위상반전의 상태로 시청자에게 그대로 전달되어진다. 영상에 삽입되는 오디오 소스는 여러 사운드의 혼합체이다. 그러나 이 사운드는 최종 송출과정인 시청자들의 시청과정에서 정상적인 사운드가 아니며 최악의 상황에는 소리가 아예 안 들리거나, 심하게 깨지는 듯한 소리가 나오는 등의 오류가 나타나게 된다.

여기서 중요한 점은 사운드 포스트 작업과정에서 프로툴에 위상반전 상태의 오디오 소스를 체크해보면 분명히 소리가 나오는 경우가 있다. 녹음 스튜디오에서는 매우 정상적으로 사운드가 들리지만 페이즈스코프(Phasescope)를 제대로 확인하면 어느 지점, 어느 요소에서 오디오가 역상인지를 쉽게 파악할 수 있다. 필자는 필드에서 직, 간접적으로 위상반전, 즉 역상으로 인해 몇 번의 방송사고가 발생된 사례를 경험했기 때문에 방송에서의 역상이 얼마나 심각한 문제인지를 알고 있다. 해외 수입된 다큐멘터리의 경우, 부분적인 역상으로 인해 방송사고로 이어졌고, 그 이유를 밝혀보니 수입해 온 해당 국가의 다큐멘터리 제작기업체가 촬영과정에서 붐마이크의 극성이 바뀐 상태에서 동시 녹음했기 때문에 원소스의 불량이라는 원인을 밝힌 사례와 VCR데크의 오디오 아웃풋의 극성이 바뀌어 테이프로 아웃풋을 추출하는 과정에서 역상이 발생되는 사례도 있다. 이렇게 오디오의 전기위상반전인 역상은 다른 음향분야에서도 마찬가지로 중요한 사항이지만, 특히 방송분야에서는 더더욱 중요시하게 다루는 사항임을 강조한다.

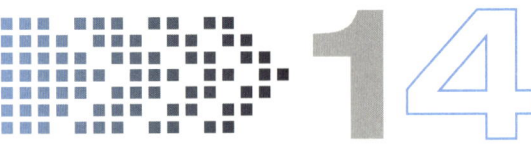

14 베가스(Vegas)

방송 사운드포스트 과정에서 주로 사용되는 오디오 편집 툴(Audio Editing Tool)은 사용자의 사용편의성과 익숙함에 따라서 다양하게 나열될 수 있다.

그 중에서 현재 방송음악감독이 음악(BGM)과 효과(Effect) 작업에 많이 사용하는 오디오편집 툴로 베가스(Vegas)를 꼽을 수 있다.

베가스(Vegas)를 일반 대중들은 흔히 동영상편집 소프트웨어로 알고 있다. 그러나, 베가스의 시작은 오디오편집 툴이었으며, 소닉파운드리(Sonicfoundry)사의 개발에 의

해 탄생되었고, 현재 소니(Sony)사의 자회사인 소니 크리에이티브 소프트웨어(Sony Creative Software)사가 인수하여 지금의 소니 베가스(Sony-Vegas) 프로그램이 재탄생되었다.

베가스는 버전 2.0부터 동영상편집을 위한 넌리니어 시스템으로 구축되었고, 실시간 다중트랙 영상 및 멀티트랙 사운드 편집을 가능하도록 구현하였다. 또한, 24bit/192kHz 퀄리티의 사운드를 지원하며 VST, DirectX 플러그인 효과을 지원하고 돌비 디지털(Dolby-Digital) 입체 음향의 편집기능을 지원한다. 물론, 동영상편집 기능을 추가하여 훨씬 더 많은 대중성을 확보하였으나, 그 근간에는 오디오편집기능의 편리성과 효율성이 자리잡고 있어 현재에도 많은 방송음악감독과 오디오편집 전문가들 사이에서 인기를 누리고 있다.

그렇다면, 현재의 시점에서 볼 때, 많은 오디오편집 툴이 다양하게 사용되고 있는 상황에서도 베가스를 많이 사용하는 이유는 무엇일까?

필자의 경험적 측면에서 분석해보면 두 가지의 중요한 요인이 있다.

첫 번째로 베가스는 유저(User)에게 있어 여타 프로그램들에 비해서 매우 직관적인 성격을 지니고 있다. 오디오파일을 불러오고 저장하는 기능이 매우 단순하게 되어있어 유저의 편의성에 적합한 기능을 갖추고 있다. 또한, 방송과 같은 1분1초가 아쉬운 민감한 작업 상황에는 이와 같은 직관적인 성향이 매우 두드러진 장점으로 부각될 수 있기 때문에 현(現) 방송음악감독들이 많이 사용하고 있는 것이다.

두 번째로 편집(Editing)의 편리성을 언급할 수 있다. 영상 오디오작업과정에서 영상 메시지의 분위기에 어울리도록 많은 음악 및 효과음의 사용을 하게 된다. 이 과정에서 많은 오디오파일의 편집기능을 단순하고 편리하게 설계하여 몇 개의 단축키와 마우스의 활용으로 내가 원하는 편집을 마음대로 할 수 있는 편리함을 갖추고 있다. 물론, 오디오의 시그널 프로세싱 과정은 여타 프로그램에 비해 다소간 정교함에서 약한 경쟁력을 가지고 있다는 단점이 있다. 물론, 시그널 프로세싱이 안 되는 것이 아니며 단지 오디오 작업과정에서 표현할 수 있는 세밀하고 정밀한 사운드의 구현에 있어서 여타 프로그램과의 경쟁력에서 선점우위를 차지하지 못하고 있다는 것이다. 반면에 베가스는 멀티트랙 편집(Multi-track Editing) 기능이 매우 효율적이고, 유저의 편의성에 직관적으로 적용될 수 있도록 편집툴 자체의 디스플레이(Display)를 심플하고 편리하게 구성한 점에서 효율성의 극대화를 보이고 있다.

베가스의 기능적 측면에서 볼 때, 현 시점에서는 동영상편집 툴로써의 기능을 강화하고 있어, 일반 대중들에게 동영상 편집프로그램의 이미지가 강하게 비춰지는 것이 당연할 수 있으나, 원래 베가스 프로그램이 보유하고 있는 기능은 사운드편집 기반 툴이었다는 것을 잊지 말아야 할 것이다.

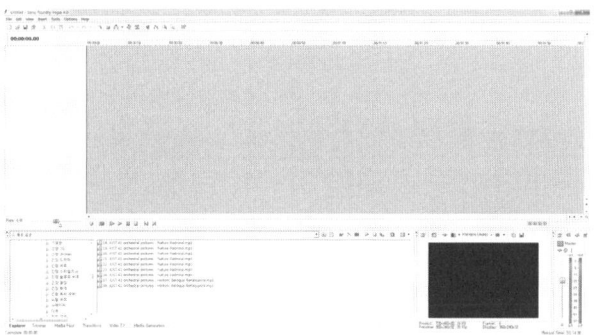
베가스 4.0

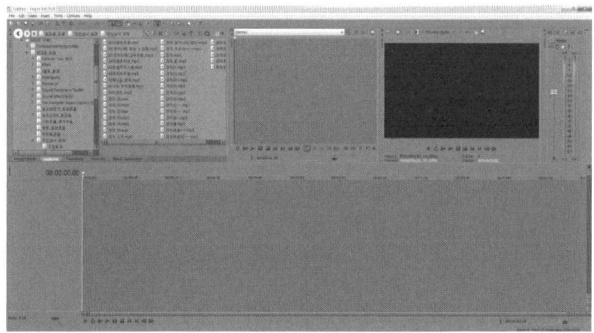
베가스 12.0

이제부터 베가스의 기능을 알아보며 베가스를 이용한 음악작업이 어떻게 이루어지는지 알아보도록 하자. 베가스의 초기 디스플레이는 지금의 디스플레이와는 다른 형태를 띄고 있다. 크게 Timeline과 Explorer, Trimmer, Video Preview의 위치가 위아래로 바

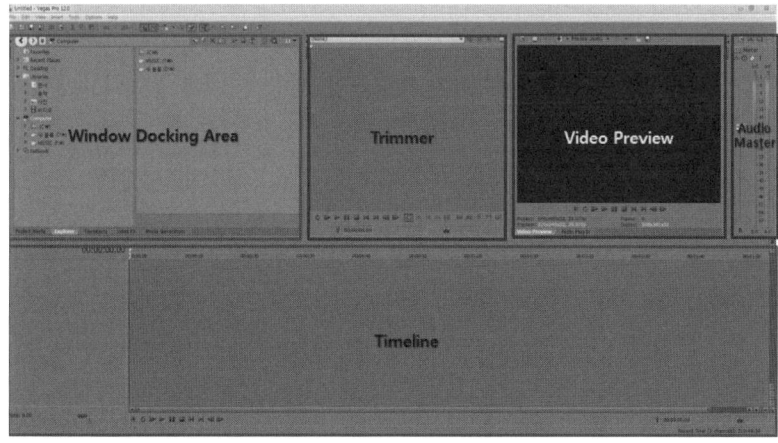

14. 베가스(Vegas)

꾸며져 있는 것을 알 수 있다. 하지만, 디스플레이의 단순한 배치변경일 뿐 운용에 있어서는 크게 다르지 않다. 다만 상위버전에서 동영상 편집에 관련된 좀 더 추가적인 기능이 탑재된 것이 차이점이라고 해석하면 되겠다. 오디오 편집기능은 대부분 동일하게 적용되므로 하위버전을 주로 운용했던 사용자도 상위버전을 사용함에 있어 크게 어려움이 없을 것이다.

베가스의 전체적인 구성에 대해서 알아보자. 우선 가장 상단에 위치한 Menu Bar는 여타 프로그램들도 갖추고 있는 보편적인 구성으로써 File, Edit, View, Insert, Tools, Option, Help 등의 기능을 실행하는 곳이다.

좌측 상단에는 편집할 원본 소스를 관리하는 Project Media, 파일 탐색기능의 Explorer, 각 소스간에 화면전환을 만드는 Transition, 비디오 효과를 삽입할 수 있는 Video FX, 자막이나 화면의 배경을 제작할 수 있는 Media Generation 등의 [Window Docking Area]가 구성되어 있다. 상단 중앙에는 원본 소스를 가져와 구간을 탐색하고 일부구간을 잘라내어 편집공간을 보내주는 기능의 [Trimmer]가 구성되어 있으며, 상단 우측에는 영상의 미리보기화면과 오디오 볼륨을 조절하는 기능의 [Video Preview], [Audio Master]가 구성되어 있다. 그리고, 하단에는 영상 및 오디오의 실무 편집을 수행하는 [Timeline]이 구성되어 있다. 사용자의 실질적인 작품 제자을 [Timeline]에서 가장 많이 활용하며 이곳에서 편집제작이 이루어진다.

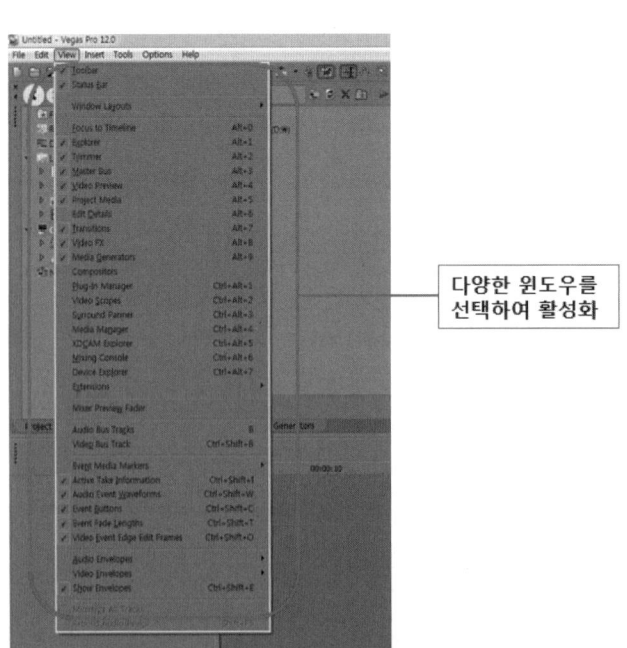

다양한 윈도우를 선택하여 활성화

또한, 베가스의 화면구성은 사용자의 성향과 목적에 맞게 변형이 가능하다. Menu Bar의 View에서 내가 원하는 대로 각각의 창을 활성화하여 베가스의 디스플레이에 적절하게 배치할 수 있도록 구성되어 있다.

베가스는 이와 같은 전체적인 화면구성으로 되어있고 기초적이고 기본적인 기능에 대한 사항은 베가스에 관련된 서적과 자료들이 다양하게 출시되어 있으므로, 나에게 적합한 자료를 통해서 충분히 숙지할 수 있다. 따라서, 여기에서 언급하는 이야기는 베가스를 이용한 방송 사운드 포스트 작업에 관련된 사항을 제시할 것이다.

베가스를 이용한 오디오 작업시 가장 먼저 설정해줘야 할 사항이 있다. 우리가 알고 있는 프로툴스(Protools), 누엔도(Nuendo) 등의 여러 프로그램들은 처음 시작하기 위해 프로그램 활성화하는 과정에서 가장 처음에 저장경로를 설정하는 설정창이 나오며, 작업자는 작업의 저장경로를 설정해야만 프로그램이 시작되는 것을 알 수 있다.

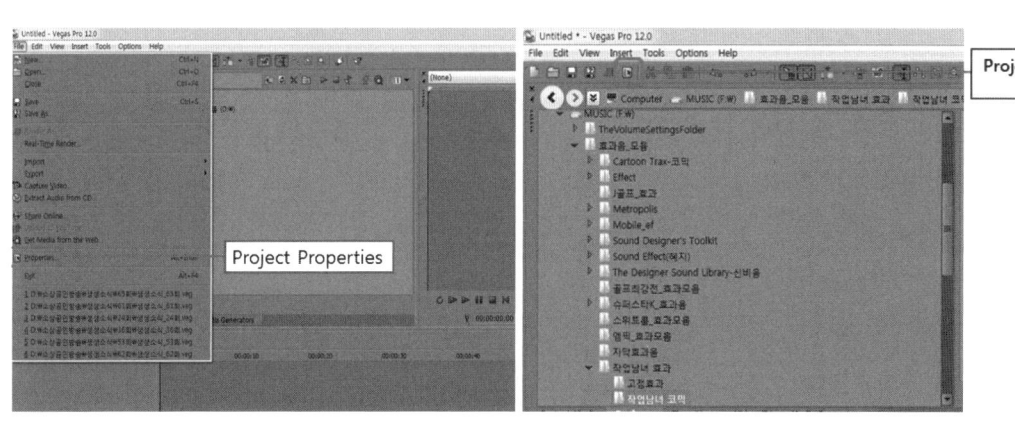

그러나, 베가스는 이 기능에서 다소간 취약점을 보이고 있다. 베가스를 실행시키면 아무런 질문없이 그대로 사용해도 되는 환경이기 때문에 중요한 작업에 있어 매우 위험한 모드이며, 초보자의 경우 아무런 설정없이 작업을 여러 번 하고 난 후 베가스 프로젝트를 닫았다가 며칠 후 그 때 작업했던 내가 원하는 해당 프로젝트를 찾아서 열어보게 되면 몇몇 파일을 찾을 수 없거나 심각한 경우에는 파일 전체가 섞여져 프로젝트를 원활하게 실행시키지 못하는 상황을 경험하게 될 것이다. 이는 사운드 포스트작업

시작 전에 [Project Properties]라는 설정창에서 자신의 작업 저장경로를 지정하지 않았기 때문에 발생되는 것이며, 이와 같은 상황이 발생되면 뒤엉킨 베가스 프로젝트에 사용된 파일들을 하나씩 하나씩 경로를 지정해야만 겨우 복구될 수 있다.

따라서 베가스에서 [Project Properties]는 매우 중요한 절차이기 때문에 베가스를 시작할 때 [Project Properties] 설정창에서 내가 하고자 하는 작업의 저장경로를 반드시 설정해야 함을 반드시 숙지해야 한다.

사운드 포스트 작업을 위한 [Project Properties]설정은 Audio 설정란에서 기본적인 오디오 포맷을 설정하고, [Recorded files folder]설정에서 Browse를 클릭하면 [폴더 찾아보기]라는 창이 활성화된다. 여기서 이제부터 시작하려는 작업을 저장하기 위한 폴더를 지정하고, 설정창의 하단에 [Start all new projects with these settings]를 체크하면 베가스 프로젝트의 저장경로 설정이 완료된다.

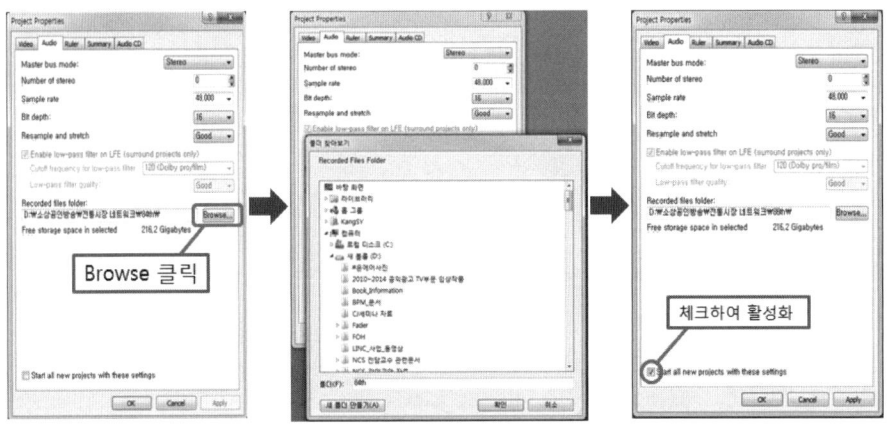

Project Properties 설정

[Project Properties]설정까지 완료하고 베가스 프로젝트를 저장하면 베가스 작업의 초기세팅이 완료된 것이다. 베가스 프로젝트를 저장하지 않게 되면 모든 베가스 프로젝트명은 'Untittled' 라는 이름으로 저장되기 때문에 자칫하면 각각의 오디오 작업을 진행함에 있어 사용자의 혼선을 줄 것이다. 그러므로, 베가스의 작업 프로젝트명을 항상 기재하는 습관을 가지는 것이 매우 효율적이다.

필자가 분석한 베가스의 취약점은 바로 이러한 프로젝트의 초기설정을 의도적으로 해줘야 한다는 점이다. 대부분의 초보 사용자들은 이 설정을 하지 않고 곧바로 작업으로 들어가기 때문에 나중에 베가스 프로젝트를 활성화 시켜보면 파일을 찾지 못하는 등의 많은 문제가 발생하여 작업을 포기해 버리고 결국 베가스를 외면하게 된다. 이러한 문제의 중심에는 위에서 언급한 초기설정의 미흡으로 인한 사용자의 미숙성에서 비롯되는 것이므로 베가스를 사용하는 분들은 반드시 초기설정의 중요성을 인식하기를 바란다.

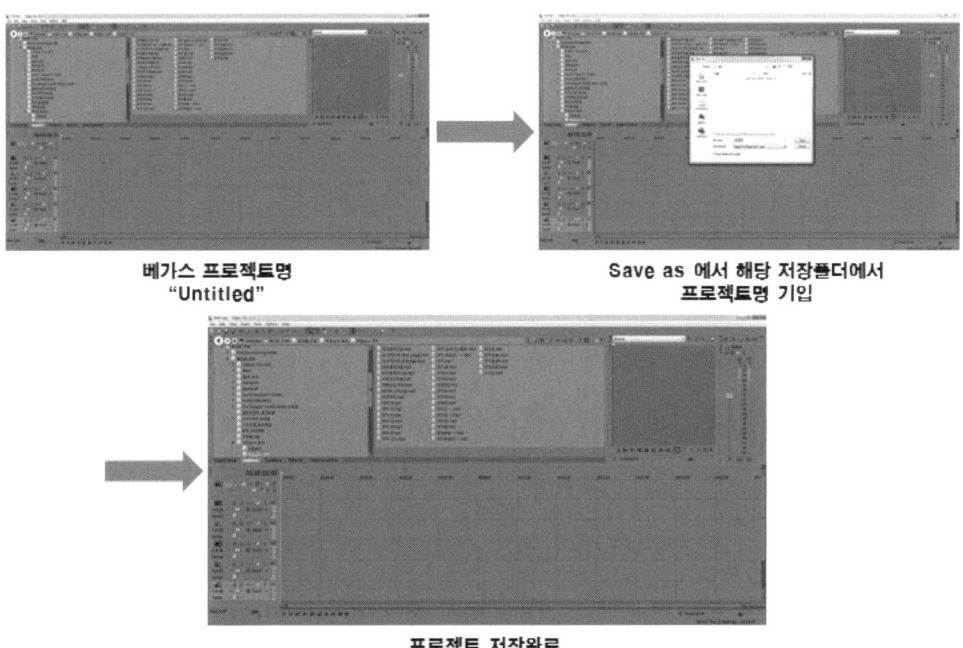

초기의 베가스 프로젝트명은 "Untitled"로 되어있다. 여기서 Save as를 클릭하면 베가스 프로젝트 저장경로를 위한 폴더지정(Save in)이 형성되고, 이 폴더안에 프로젝트명을 기입하고 저장하면 "OOO.veg" 라는 베가스 프로젝트가 생성된다. 이렇게 베가스 프로젝트까지 저장한 베가스의 초기설정이 마무리되면 이제부터 방송 사운드 포스트 작업을 시작할 수 있다.

베가스의 초기설정이 완료되면 이제부터 본격적인 베가스를 이용한 사운드 포스트 작업에 들어가게 된다. 베가스의 활용에 있어 단축키의 사용은 작업을 수행하는 사용자에게 매우 많은 편리성을 제공하고 있다. 물론, 여타 사운드 관련 프로그램들도 그들만의 단축키 사용으로 사용자의 편의성을 가져주고 있듯이 베가스 또한 단축키의 사용을 활성화하여 작업의 완성도에 많은 도움을 주고 있다. 단축키에 대한 정보는 베가스에 관련된 입문 서적이나 자료를 통해서 손쉽게 찾아볼 수 있다. 여기서 언급하는 단축키는 사운드 포스트에 필요한 중요한 몇 가지 정도로 요약해본다.

단축키	기능 설명
Ctrl + N	새 프로젝트 (New Project)
Ctrl + S	저장 (Save)
Alt + Enter	프로젝트 설정 (Project Properties)
Ctrl + Shift + 실행아이콘(바로가기)	베가스 초기화
Ctrl + Z	실행취소
Ctrl + Y	재실행
Ctrl + Q	새 오디오트랙 추가
Ctrl + Shift + Q	새 비디오트랙 추가
Ctrl + L	해당트랙 내의 모든 클립 선택
Ctrl + A	모든 트랙의 클립 선택
Ctrl + C	복사하기
Ctrl + V	붙여넣기
Ctrl + B	반복 붙여넣기 (횟수조절 가능)
Ctrl + Shift + V	트랙중간에 붙여넣기 (붙여 넣은 만큼 다음 클립들을 밀어냄)
Ctrl + X	잘라내기
Space Bar	정지, 재생 (처음 시작한 지점으로 타임라인 되돌아옴)
Enter	재생, 일시정지 (타임라인이 이동한 지점에서 정지)
J	뒤로 재생 (Rewind)
K	멈춤 (Stop, 타임라인이 이동한 지점에서 정지)
L	앞으로 재생 (Forward, 연속해서 누르면 재생속도가 배가 됨. 최대 4배속)

단축키	기능 설명
M	마커 생성
Ctrl + 스크롤바	스크롤바를 위아래로 이동(트랙의 상하이동)
Shift +스크롤바	스크롤바를 좌우로 이동
Ctrl + ←, →	타임 쉬프트(Time Shift, 파일의 템포(Tempo)가 변화됨)
Ctrl + U	비디오와 오디오의 동기화(Sync) 분리
Ctrl + Shift + I	파일 이름 표시하기
Shift + V	볼륨 엔벨로프(Volume Envelope) 활성화
Shift + P	팬 엔벨로프(Pan Envelope) 활성화
-, =	해당 클립의 음정(Pitch) 변화

15 베가스(Vegas) 실무

　베가스의 사운드 포스트 작업은 크게 편집(Editing)과 시그널 프로세싱(Signal Processing)으로 구분될 수 있다. 여타 프로그램과 다르지 않게 사운드의 편집과 시그널 프로세싱이 모두 가능한 툴이다. 그러나, 시그널 프로세싱(Signal Processing)은 상대적으로 보편적인 사용빈도가 낮고 플러그인의 기능에 대한 약간의 아쉬움이 있어 주로 멀티트랙 편집(Multi-Track Editing) 작업에 매우 유용하게 사용되고 있다.

　편집에 대한 사용자의 활용모드가 매우 편리하게 적용되어 있는 점 또한 베가스의 두드러진 특징이다. 작업에 사용하는 방송 영상파일이나 음악, 효과 등의 오디오파일을 베가스의 탐색기나 아니면 윈도우 탐색기에서 그대로 드래그하여 Timeline에 올려 놓으면 파일이 활성화되어 바로 작업을 실행할 수 있다.

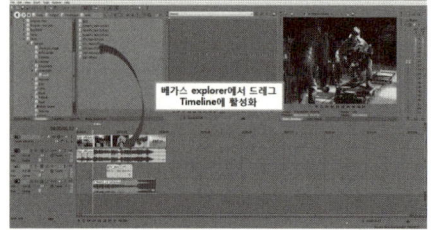

파일의 Timeline 활성화

우선, 베가스의 비디오트랙에 방송영상파일을 올려놓고 영상파일을 전체적으로 플레이시킨다. 영상언어의 메시지, 즉 오늘의 방송 이야기가 어떻게 전개되는지 파악해야 하는 것이 매우 중요하며 이야기를 파악한 후 배경음악이 삽입되어야 하는 시점을 지정해야 한다. 이 과정에서 베가스의 마커(Marker)라는 기능을 이용하여 배경음악을 삽입할 각각의 시작점(In point)에 마커를 찍고, 해당 마커에 사용될 음악이나 효과음의 이름을 작성한다. 이렇게 음악작업을 위한 마커를 표시하는 과정이 마무리되면 방송영상파일의 전체적인 스토리를 보면서 음악이 삽입되어야 할 지점에 마커를 모두 표시한 다음, 각 마커의 지점에 연출된 영상메시지와 부합된 음악을 삽입한다. 음악은 영상의 메시지를 더욱 극대화시켜주는 역할을 수행하기 때문에 음악에서도 사운드 스토리텔링이 표현되어야 한다. 이는 음악작업이 단순한 기술적인 공정만이 아닌 전체의 이야기를 소리로 만들어가는 창조과정이라고 봐야 한다. 그래서 음악작업을 수행하는 음악감독에게도 창의적인 개성을 중요시한다.

여기서 잠깐!!

스포팅 세션 (Spotting Session)

영상의 스토리가 어떻게 진행되고 있는지, 그 안에 담고 있는 메시지는 무엇인지를 파악하는 것은 사운드 작업에 있어서 매우 중요한 사항이다. 이 영상에서 표현하고 싶어하는 것이 도대체 무엇인지를 알아내고 또한 이러한 스토리텔링 속에서 드러내고 있는 감성을 파악해야 그에 걸맞는 음악과 사운드효과를 삽입할 수 있는 것이다. 앞서 언급했던 사항에서 인간의 감성과 음악의 매칭구조는 방송 사운드 작업에 있어 절대적인 표현방식에 중요한 단서를 제공하고 있는 것이다. 따라서, 우리는 영상을 보면서 그 흐름을 읽어내고 무엇을 얘기하는지를 알아내는 것이 사운드연출에 많은 도움을 줄 것이다. 영화라는 매체에서 음악감독은 영상의 전체 스토리를 보며 그 안에 음악이 삽입되어야 하는 모든 시점들을 파악하고, 해당 시점에 삽입되는 음악의 감성과 분위기, 장르 등을 면밀히 분석해서 음악작업을 시작한다. 여기에서 음악작업을 시작하기 전에 작성해야할 리스트가 있는데, 이를 스포팅 세션 리스트(Spotting Session List)라고 한다.

SPOTTING SESSION LIST

FILM NAME :
FILM GENRE :
COPYRIGHT NAME :

NO.	# No.	AUDIO (BGM) TC (IN)	AUDIO (BGM) TC (OUT)	DURATION	SCENE CONTENTS	BGM SENSITIVITY	BGM CLASSIFICATION	NOTE
1								
2								
3								
4								
5								
6								
7								
8								
9								
10								
11								
12								
13								

    스포팅이라는 사전적 의미는 영화 편집 시 영상과 음향 등의 시간을 일치시키는 작업이라고 되어 있다. 즉, 흔히 말하는 스포팅 과정은 제작자와 음악감독이 함께 영화를 보며 제작해야 할 영화음악에 대한 개념과 아이디어를 공유하면서 의견을 조율하는 과정이라고 보면 된다. 상호간의 조율이 마무리되면 음악감독은 영화를 세밀하게 분석하면서 영화음악으로 표현하고자 하는 감정선에 대한 사운드 효과의 극대화를 연출하기 위한 스포팅 세션 리스트를 작성하게 되는데, 이러한 모든 과정을 스포팅(Spotting)이라고 한다.

SPOTTING SESSION LIST

PROGRAM NAME (프로그램 명) : OOOOO
BROADCAST GENRE (프로그램 장르) : 교양, 정보 프로그램
COPYRIGHT NAME (작성자 명) : OOO

NO.	# No. 씬번호	AUDIO (BGM) TC (IN)	AUDIO (BGM) TC (OUT)	DURATION	SCENE CONTENTS 장면의 내용	BGM SENSITIVITY 음악의 감성	BGM CLASSIFICATION 음악 분류	NOTE 비고
1		00:00:00	00:00:41	41″	MC 오프닝 멘트	활기참	가벼운 락	
2		00:00:42	00:00:57	15″	코너 오프닝	약간의 웅장함	가벼운 스트링	
3		00:00:58	00:01:37	39″	여주의 풍경	평화로움	휘슬과 우쿨렐레	
4		00:01:38	00:02:00	22″	집 소개	평화로움	휘슬과 우쿨렐레	
5		00:02:00	00:02:42	42″	주방 소개	평화로움	왈츠	
6		00:03:00	00:03:33	33″	안방 소개	평화로움	스트링과 N.기타	
7		00:03:42	00:04:09	27″	테라스 소개	평화로움	휘슬, 우쿨렐레	
8		00:04:21	00:04:52	31″	3층 소개	평화로움	보사노바 느낌	
9		00:04:53	00:05:08	15″	유지비 관리법?	밝고 활기참	이지 리스닝	
10		00:05:08	00:05:22	14″	관리법 소개	밝고 활기참	이지 리스닝	
11		00:05:22	00:05:40	18″	지열보일러 소개	밝고 활기참	이지 리스닝	
12		00:05:53	00:06:10	17″	"	밝음	통기타, 컨트리	
13		00:06:27	00:06:57	30″	집주인 취미 소개	평화로움	기타 연주곡	

작성 예시

방송 매체의 콘텐츠가 다양해지고 있는 시점에서 스포팅 세션 리스트는 방송에서도 필요한 작성시트가 되었다. 특히 드라마의 경우는 제작방식이 영화와 매우 흡사한 관계로 스포팅 세션은 필수로 거쳐야 하는 단계라고 보면 된다. 이 외에도 제작규모가 상대적으로 커다란 방송 프로그램은 여러 스텝들과 함께 스포팅 세션을 거쳐 제작에 들어가게 된다. 여기서 음악감독은 영상에 있어 전체적인 음악적인 색깔과 스토리텔링을 어떻게 연출해 나갈 것인지를 결정하여 실제 작업에서 적용해 나간다. 따라서 방송음악에 처음 입문하는 초보자라면 한 번 쯤은 자신에게 벤치마킹이 될 수 있는 기존의 영화나 방송 중에 하나를 선정하여 이 작품이 어떻게 사운드 작업을 해나갔는지에 대한 역추적의 의미로 스포팅을 파악하는 스포팅 세션 리스트를 작성해보기를 권장한다.

방송 또는 영화와 같은 영상 콘텐츠에는 자신들의 이야기에 '재미'가 있어야 한다. 흔히 많은 대중들에게 '재미'라는 의미를 물어보면 대부분 웃기거나, 즐겁거나, 유쾌하다 라는 형용어구를 주로 얘기한다. 그러나, 영상 콘텐츠에서 '재미'라는 것은 그리 간단하게만 해석되지는 않을 것이다.

영화의 흥행척도를 판단할 수 있는 근거로 박스오피스라는 영화 한 편이 벌어들이는 수입을 주로 얘기한다. 국내의 많은 흥행작들을 보면 명량, 국제시장, 베테랑, 도둑들, 7번방의 선물, 암살 등 다양한 장르의 영화들이 나열되어 있다. 또한 국내 최고의 시청률을 기록한 방송 프로그램을 분석해보면 매우 다양한 장르의 프로그램들이 나열되어 있음을 알 수 있다. 이 많은 장르들이 관객 또는 시청자들에게 재미를 주는 요소를 분석해보면 매우 다양하고 많은 인간의 감성을 자극하는 포인트가 숨어있다. 즉, 재미를 주는 그 요소 안에는 기쁨, 슬픔, 감동, 충격, 공포, 행복 등 여러 가지 형태의 감성으로 전달되어 우리의 뇌와 마음을 자극하게 되고, 이러한 자극을 통해서 '이 영화 정말 재미있다', '이 드라마는 정말 슬펐어.'등의 재미를 추구하게 되는 것이다. 그래서, 슬프지만 재미있는 드라마, 무서웠지만 재미있었던 영화, 유쾌하고 즐거운 방송, 감동이 묻어

나는 재미있는 다큐멘터리... 라고 우리는 기억하고 있는 것이다. 다시 처음으로 돌아가서 재미라는 요소에는 결코 웃기거나, 즐겁거나, 유쾌한 형용사만이 담겨진 전유물이 아닌 인간의 많은 감성요소를 자극하는 표현의 상징으로 해석할 수 있으며, 그 많은 감성요소 중에서 내가 만들고자 하는 작품의 포인트는 무엇인가에 대한 요소를 끄집어내어 스토리텔링이라는 요리도구로 얼마나 잘 요리하느냐가 우리가 추구하는 궁극의 '재미'를 만들어내는 과정이다.

영상은 화면에 담긴 각각의 장면들이나 스틸컷(Still-Cut)이 시작에서 마무리까지 매끄럽게 연결되어 하나의 이야기를 주제로 스토리텔링을 하여 시청자의 시선을 고정시킬 수 있도록 해야 하며 또한 의도한 스토리텔링을 통해서 시청자를 설득할 수 있어야 한다. 그만큼 스토리의 재미가 잘 전달될 경우에 방송으로서의 매력을 가지게 되는 것이다. 여기에서 음악도 방송의 전체적인 맥락에서 사운드적인 스토리텔링이 잘 갖추어져 있으면 더욱 효과적이라고 볼 수 있다. 우리는 방송시청이라는 행위가 시각으로만 하는 것이 아닌 시각과 청각이 동시에 이루어져야 한다. 그래서 방송을 시청(視聽)한다고 하는 것이다. 영상의 스토리텔링이 제대로 표현되기 위해서는 무엇보다도 사운드의 도움이 절실하다. 각 장면의 저마다 표현하려는 이야기의 느낌과 분위기에 적합한 음악의 삽입은 시청자에게 몰입감을 더욱 증가시켜 줄 수 있는 독특한 매력을 지니고 있다. 따라서 음악의 전체적인 방향성 설정과 디테일한 감성의 표현은 방송에서 사운드 스토리텔링의 중요성을 인식시켜주는 핵심이라고 볼 수 있다.

다시 베가스로 돌아와서, 베가스가 가지고 있는 장점 중의 하나가 멀티트랙 편집이라고 했다. 그만큼 다양한 오디오 파일의 편집을 독립적인 트랙에서 편집할 수 있기 때문에 사용자의 편리성을 줄 수 있는 것이다. 그러나 필자의 경우, 보통 방송 프로그램의 음악 및 효과 작업을 할 때, 그리 많은 트랙을 사용하지는 않는다. 평균적으로 음악 두 트랙, 효과 두 트랙 정도에서 방송의 모든 사운드 작업을 소화할 수 있다.

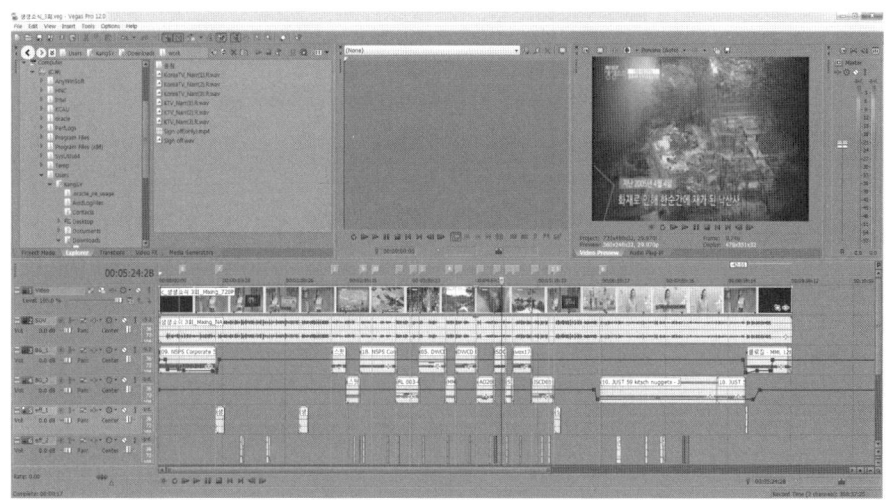
멀티트랙 사운드작업의 예

　　음악 삽입작업에 2개의 트랙만을 사용하는 필자의 이유는 음악작업이 마무리되어 믹싱과정의 프로툴에서 오디오의 전체트랙을 믹싱하는 과정에서 좀 더 수월하게 작업을 할 수 있도록 후반과정을 도와주는 역할이 있으며, 현재 방송포스트 현장에서 활동하고 있는 음악감독들도 주로 이렇게 작업을 많이 하고 있는 것으로 알고 있다. 음악을 두 개의 트랙에 앞뒤의 2개의 음악이 오버랩(Overlap: 오디오의 교차) 타임을 맞춰가며 페이드인(Fade-In), 페이드아웃(Fade-Out) 형태로 교차편집 해가면서 2개의 트랙 안에 모든 음악을 나열해 놓을 수 있다. 물론, 특정한 음악에 대한 시그널 프로세싱이 필요한 경우에는 해당음악만 별도의 트랙에 생성하여 플러그인을 걸고 작업하는 경우도 있다. 그러나 이미 언급했듯이 시그널 프로세싱에 관한 사항은 베가스보다는 오히려 프로툴에서 운영하는 것이 좀 더 효과적이기 때문에 베가스에서 시그널 프로세싱해야 하는 어쩔 수 없는 상황이 아닌 이상은 기본적으로 2개의 트랙에 음악을 나열해서 작업하는 것이 보통의 경우이다.

15. 베가스(Vegas) 실무

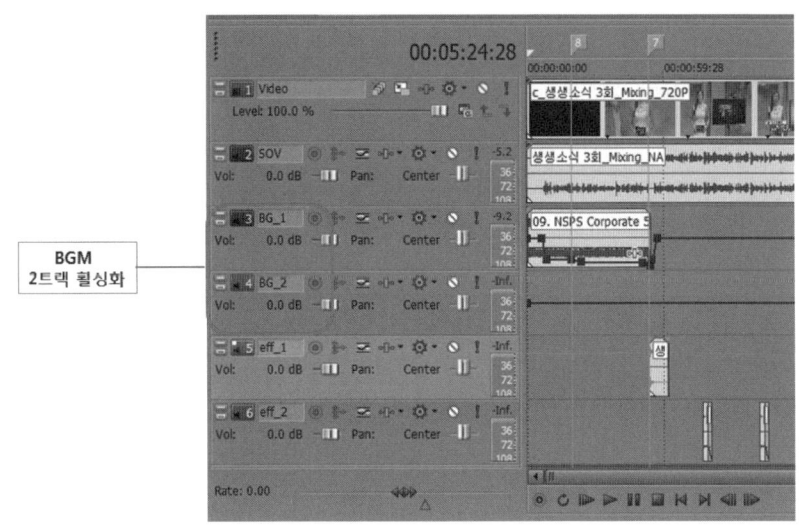

　베가스의 오디오 페이드(Fade) 조절은 매우 편리하게 구성되어 있다. 파일의 앞이나 끝부분에 마우스를 올려놨을 때, [Fade in offset] 모드에서 마우스 우측을 클릭하면 5가지의 페이드 기본조절 타입이 형성되어 있고 사용자의 취향에 맞게 선택하여 페이드를 조절할 수 있다. 또한, 페이드 지점에 마우스 우측을 클릭하면 여러 가지 편집명령 윈도우가 활성화된다. 이 윈도우의 맨 위에 Fade Type이 있으며 마찬가지로 5가지의 기본 타입이 형성되어 여기에서 선택하여 페이드를 조절할 수도 있다.

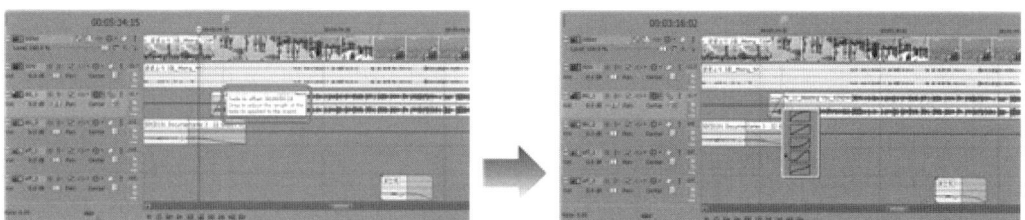

Fade in offset 을 이용한 페이드타입 조절

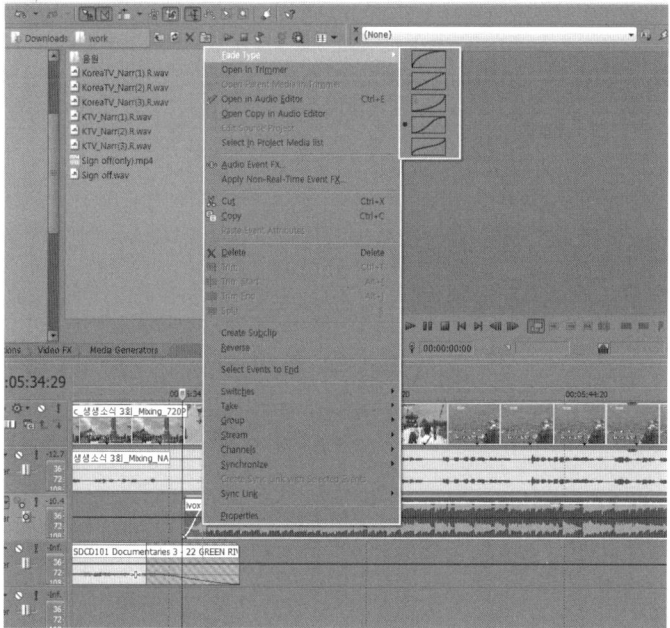

편집명령 윈도우를 이용한 페이드타입 조절

 이렇게 음악삽입 작업이 끝나고 나면 일정부분 음악의 오디오레벨조절을 해주는 과정이 좋다. 이 과정 또한 프로툴에서 최종적으로 믹싱단계에 해야 할 작업이다. 그러나 부득이한 경우 베가스에서 믹싱과 마스터링 과정을 해야 하는 상황이 발생될 수도 있을 때 베가스에서 오디오레벨 조절 및 시그널 프로세싱을 거쳐 최종 오디오마스터를 완성할 수도 있다. 또한, 베가스에서 믹싱과정을 하지는 않는다 하더라도 레퍼런스 오디오 파일의 레벨과 일정부분 맞춰주는 작업을 해주면 프로툴의 믹싱단계에서 좀 더 수월해

15. 베가스(Vegas) 실무

질 수 있다. 따라서 베가스의 오디오레벨조절 작업을 하게 되는데, 오디오 파일의 오디오 레벨은 두 가지의 기능으로 조절할 수 있다. 우선, 해당파일의 게인(Gain)값을 조정하며 오디오레벨을 조절할 수 있다. 오디오에서 게인(Gain)은 신호의 입력값을 조절하는 장치로써 오디오레벨의 초기값을 조절하는 기능을 가지고 있다.

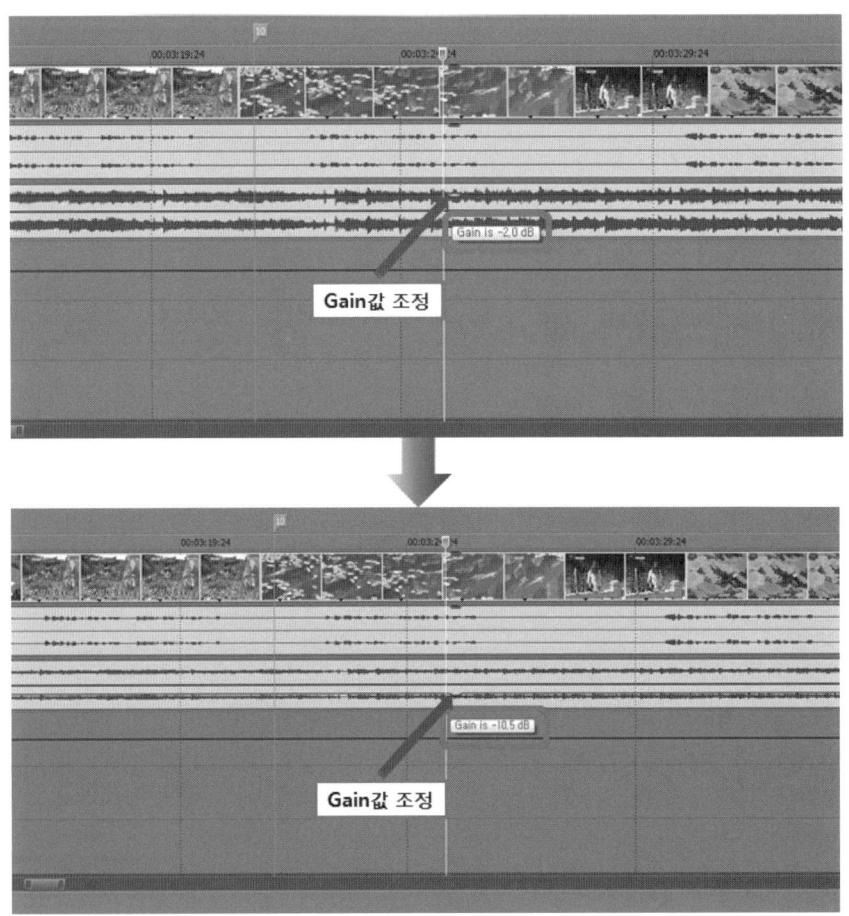

게인(Gain)값 조정

게인값 조절 외에 오디오레벨의 또 다른 조절방법으로 볼륨레벨조절이 있다. 트랙창에 우측 마우스를 클릭하면 트랙의 편집 윈도우가 활성화되며 이 안에서 Insert/Remove Envelope에서 Volume(단축키: Shift+V)을 체크하면 해당트랙에 오디오 볼륨을 컨트롤할 수 있는 엔벨로프가 활성화된다. 볼륨 엔벨로프는 오디오 파일의 가운데 청색선으로 활성화되며 청색선의 어떠한 지점에서든 더블클릭하면 엔벨로프 포인트가 생성된다. 이 엔벨로프 포인트를 마우스로 움직이면 내가 원하는 Timeline 지점에 원하는 볼륨값으로 놓을 수 있으며 이전 지점의 엔벨로프 포인트와 해당 엔벨로프 포인트 사이는 자연스럽게 페이드를 그리며 자동적으로 오디오 레벨이 조절된다. 그리고 오디오레벨조절을 위한 또 하나의 고급적인 방식으로 오토메이션 기능을 설정하여 사용자가 실시간 오디오레벨 조정을 원하는 대로 움직이며 조절할 수 있다.

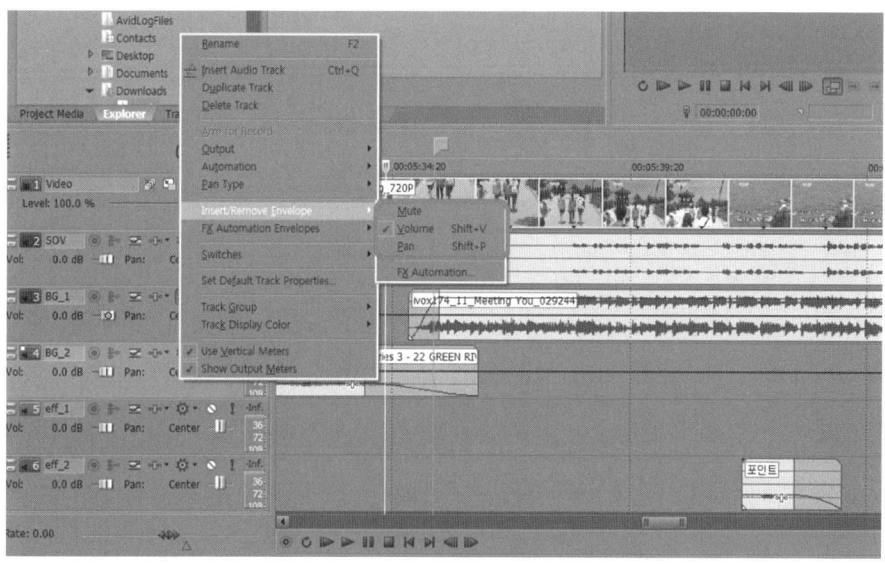

Insert/Remove Envelope 의 Volume

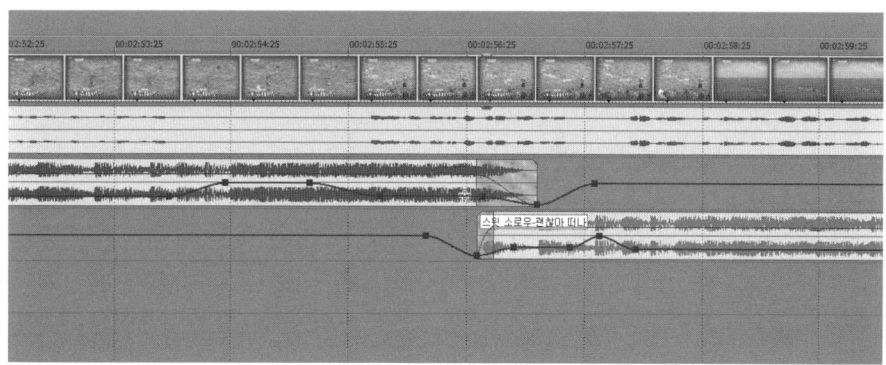

엔벨로프 포인트

15. 베가스(Vegas) 실무

오토메이션

이 엔벨로프의 기능에는 볼륨 외에 팬(Pan) 기능이 있는데, 팬(Pan)은 음향의 스테레오 효과에 있어서 소리의 움직임을 좌우(Left, Right)로 변형시킬 수 있는 기능으로 음반제작을 위한 음악믹싱을 비롯한 사운드의 전반적인 분야에서 많이 쓰이는 기능이다. 만일 방송에서 스테레오 효과를 구현하기 위해서라면 팬(Pan) 기능을 사용하기도 한다. 팬의 운용은 볼륨 엔벨로프와 동일하게 적용되고 있다.

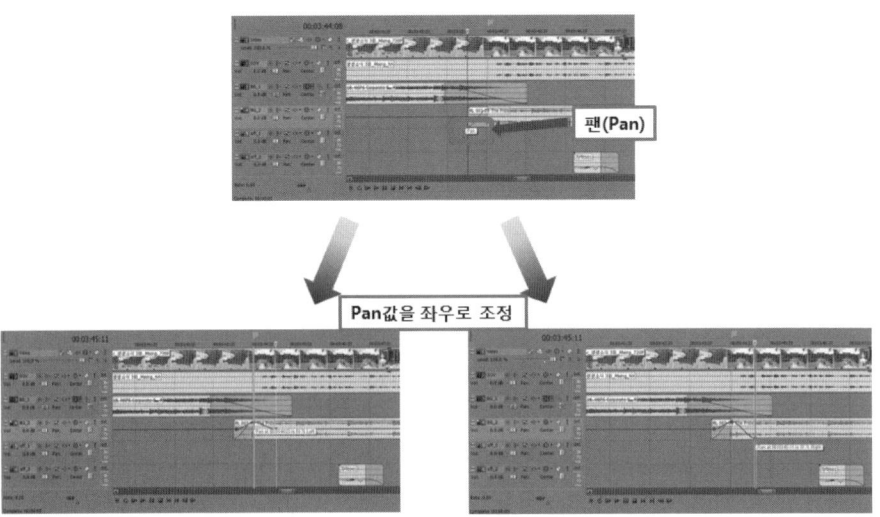

팬(Pan) 기능 활성화

필자가 베가스를 이용하면서 가장 두드러지게 편리한 기능을 소개해 볼까 한다. 타임 쉬프트(Time Shift)라는 편리한 기능을 설명해본다. 물론, 저마다 자신이 주로 사용하는 각각의 프로그램의 기능에 익숙해서 이 기능을 운용할 수 있겠으나, 베가스는 운용법이 매우 편리하게 이루어져 있어 사용자의 편의성을 잘 고려한 듯 싶다는 느낌을 준다. 타임 쉬프트(Time Shift)는 음악의 음정(Pitch)은 변화시키지 않고, 단지 템포(Tempo)만을 미세하게 조정할 수 있는 기능이다. 이 기능을 방송 사운드 포스트 작업을 하는 과정에서 주로 많이 사용하게 되는데, 영상의 각 씬(Scene)에서 음악의 시작점(In-Point)과 끝점(Out-Point)이 해당 영상의 길이와 적절하게 매칭되면 상관없겠지만, 생각보다 많은 음악들의 길이(Duration)가 그렇게 적절하게 맞아 떨어지지 않는 경우가 대부분이다. 이 영상의 느낌에 이 음악의 분위기가 정말 잘 맞는데, 음악의 길이가 길거나 혹은 짧을 경우에는 사용자의 입장에서는 고민을 할 수 밖에 없을 것이다. 이러한 상황에서 음악의 길이가 터무니없이 길거나 짧지 않을 경우에 주로 타임 쉬프트(Time Shift) 기능을 사용해서 미세한 길이(Duration)는 정확하게 매칭시킬 수가 있다. 그러나, 이 타임 쉬프트(Time Shift) 기능은 미세한 길이의 조정에 편리함을 주는 것이기 때문에 상당히 많은 음악 길이(Duration)의 조정은 자칫 해당음악의 원본을 훼손시킬 수 있는 우려가 있으며, 또한 템포(Tempo)가 일그러지는 현상이 발생하여 사운드의 왜곡을 가져다 줄 수 있다는 주의사항을 요한다.

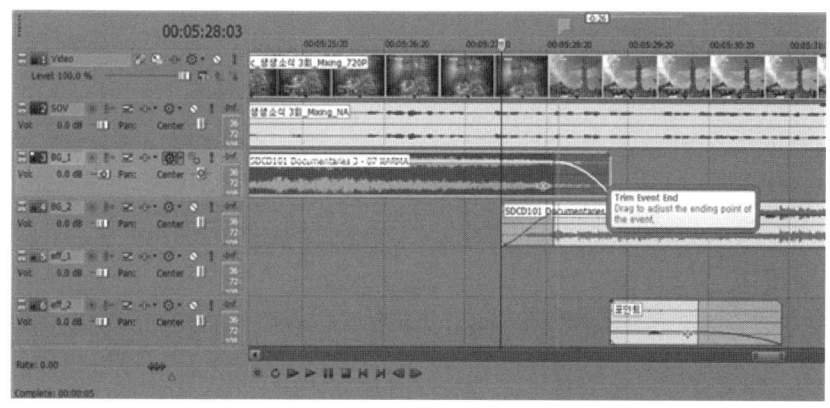

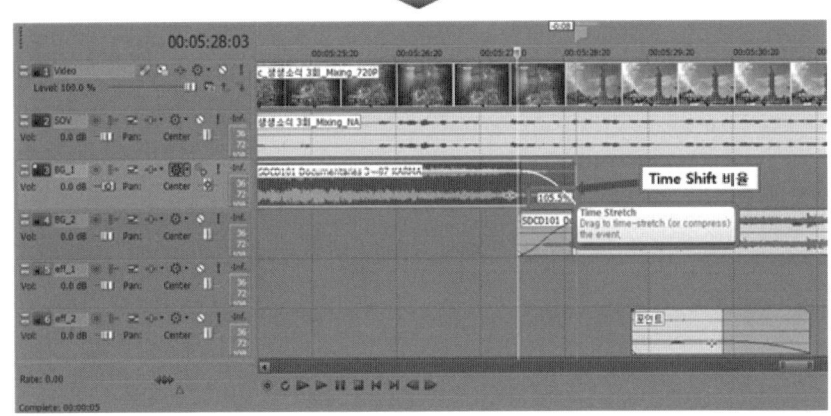

타임 쉬프트(Time Shift)

타임 쉬프트(Time Shift) 기능의 사용방법은 매우 간단하다. 타임 쉬프트(Time Shift)를 적용시킬 해당 음악파일의 끝지점에 마우스를 옮겨 놓으면 [Trim Event End]라는 파일의 설명이 활성화된다. 이 상태에서 키보드의 컨트롤(Ctrl)을 누르면 [Time Stretch]기능이 활성화되며 마우스를 누른 상태에서 파일을 길게 늘리거나 짧게 줄이면 해당 파일의 타임 쉬프트(Time Shift) 기능이 적용되면서 이 기능의 적용비율을 몇%의 비율로 확대, 축소했는지 측정을 해준다.

타임 쉬프트(Time Shift) 기능이 있다면 피치 쉬프트(Pitch Shift) 기능도 있는데, 피치 쉬프트(Pitch Shift)는 해당 오디오 파일의 음정 변화를 조절하는 기능으로써 옥타브

(Octave)를 변경할 때 주로 사용된다. 이 기능은 해당 오디오 파일의 클립을 클릭하고 키보드의 ⬇⬆ 버튼을 단축키로 사용한다. ⬇는 –음정, ⬆는 +음정으로 조절되며 최대 상하 24옥타브의 조절이 가능하지만, 필자의 사용경험상 많은 옥타브의 변형은 오디오 파일의 지나친 왜곡현상으로 매우 부적절한 사운드로 변형되기 때문에 가급적이면 사용을 지양하고 있다. 그러나, 상하로 1~2옥타브 정도의 변경이 불가필할 경우에 편리하게 사용되도록 설계되어 있다.

+음정(Octave) 변화

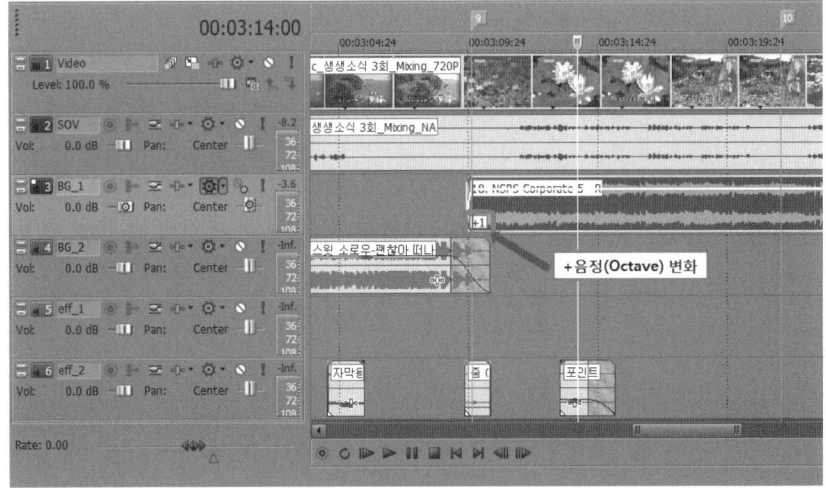

– 음정(Octave) 변화

15. 베가스(Vegas) 실무

베가스를 이용한 사운드 포스트(음악, 효과) 작업이 완료되었으면, 다음과정인 프로툴에서 믹싱을 하기 위한 오디오 파일의 추출을 해야 한다. 이 과정에서 베가스의 오디오 파일은 각각의 트랙을 영상의 길이(Duration)와 동일하게 적용하여 개별적으로 추출해야 한다. 기본적으로 오디오의 디지털 원본 파일은 Wave형식이며 확장자명은 *.wav이다. 물론, mp3형식의 파일도 프로툴에서 인식하지만 압축된 형태의 파일이므로 원본의 음질과 다소간 차이가 있다. 따라서 오디오는 원본형식인 wav파일로 추출하는 것이 바람직하다.

각 트랙의 파일을 추출하는 과정은 우선, 영상파일을 더블클릭하면 [Loop Region]이라는 Work Area의 구간이 설정된다. 이 구간은 렌더링을 설정하는 구간이라고 보면 되겠다.

Work Area 활성화

여기서 각 트랙을 개별적으로 솔로(Solo)로 활성화시키고 File에서 [Render As]를 클릭하면 오디오 추출방식에 관련된 윈도우가 활성화된다. 즉, 해당 트랙만 활성화되고, 그 외의 나머지 트랙은 자동으로 음소거(Mute)를 하는 기능이다.

솔로(Solo) 활성화

여기에서 내가 원하는 타입의 오디오 포맷을 설정하여 렌더링을 하게 되면 해당 트랙의 오디오 파일이 최종적으로 추출된다. 앞서 언급했듯이 오디오의 원본파일 형식은 wav이므로, wav파일로 추출하는 것이 가장 바람직할 것이다.

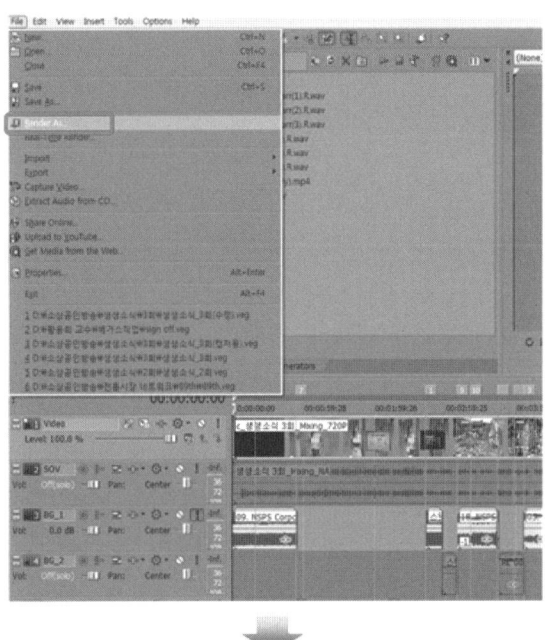

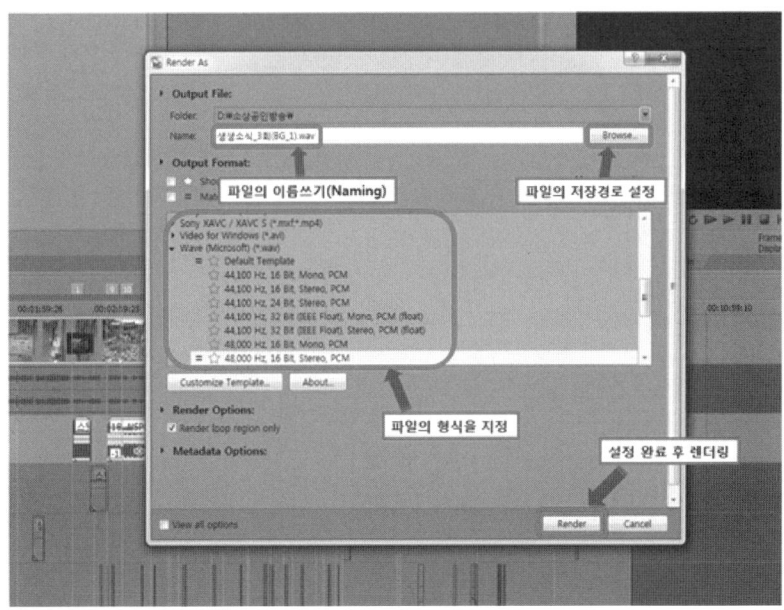

렌더링(Render As)를 통한 오디오 파일 추출

이런 과정을 각 트랙의 수만큼 반복해서 렌더링을 하게 되면 각각의 독립된 오디오 파일이 추출되며, 이 파일들을 다음 과정인 믹싱을 하기 위해서 프로툴스로 옮겨지게 된다. 영상작업에 흔히 말하는 1차 가편집의 과정을 오디오에서는 이와 같은 베가스를 통한 사운드 포스트(음악, 효과) 작업이라고 볼 수 있으며, 이 과정에서는 프로툴스에서 진행될 믹싱작업에 좀 더 편리하게 해주기 위해 전체적인 오디오 밸런스와 톤을 레퍼런스 파일에 적절하게 매칭시켜 주는 것이 매우 효과적이라고 볼 수 있다.

혼자서 할 수 밖에 없는 사운드 포스트 작업이라면 내가 베가스로 작업했던 파일의 특성을 어느 정도 숙지된 상황이기 때문에 프로툴스의 믹싱과정에서 감안해야 할 사항을 충분히 인지하고 믹싱에 적용할 수 있다. 그러나, 2~3명의 스텝들이 업무분장을 통해서 사운드 포스트작업을 수행할 경우에는 서로간의 약속된 작업스타일을 충분히 논의하여 최상의 팀워크를 유지해야 할 필요성이 매우 중요하게 나타난다. 따라서 이러한 전체적인 오디오 밸런스와 톤을 레퍼런스 파일에 적절하게 매칭시켜 주는 단계는 팀워크를 감안하는 일련의 약속된 작업방식의 한 부분이라고 이해하면 더욱 좋을 것이다.

이제부터, 우리는 믹싱단계를 위해서 프로툴스(Protools)의 작업세계로 넘어가게 된다. 베가스에서의 사운드 포스트작업을 마친 오디오 소스를 프로툴스에서 어떻게 작업하게 되는지 알아보도록 하겠다.

프로툴스(Protools)

믹싱(Mixing) 단계에서 가장 널리 사용되는 오디오 툴은 다양하게 있다. 그 중에서도 가장 대표적이며, 보편적인 오디오 툴은 프로툴스(Protools)이다.

프로툴스(Protools)는 디지털 오디오 워크스테이션(DAW: Digital Audio Workstation)의 대표적인 프로그램이며 디지털 오디오의 녹음, 재생, 편집 등 다양한 오디오작업의 워크스테이션을 불린다. 프로툴스의 시초는 디지디자인(DigiDesign)사 1991년 4채널 입출

아비드 프로툴스 (Avid Protools)

력 외장 인터페이스(442IO)를 갖춘 프로툴스(Protools)를 개발, 출시하여 기존의 아날로그 오디오 시대에 디지털 혁명을 선도한 오디오의 대표적인 툴이 되었다. 이후 넌리니어(비선형) 영상편집 프로그램인 아비드(Avid) 편집툴로 유명한 아비드(Avid)사와 합병하여 지금의 아비드 프로툴스(Avid Protools)로 업그레이드되어 왔다.

프로툴스는 현재 많은 DAW중에서도 사용선호도가 가장 높은 시대의 보편적인 오디오 편집 툴이라고 볼 수 있다. 그만큼 대다수의 오디오 관련 직종에서 프로툴스의 각종 기능 및 플러그인의 호환성 등을 기반으로 이 툴이 보유하고 있는 기능의 필요성은 사운드의 전반적인 운용을 쉽게 접근할 수 있다는 측면에서 대표적인 툴이라고 보면 이해하기 빠를 것이다.

프로툴스(Protools)도 툴의 기능과 운용에 관련된 기본지식은 다양한 온라인 정보와 서적을 통해서 쉽게 찾아볼 수 있으므로 관련 정보와 서적을 참고할 것을 권장하며 여기에서는 프로툴스를 이용한 방송사운드 포스트 작업에 관련된 사항을 알아보려 한다.

이제부터 방송프로그램의 S.O.V.와 나레이션, 그리고 베가스를 이용하여 제작된 음악, 효과 등의 사운드소스들을 프로툴스를 이용한 사운드 믹싱과 마스터링 과정을 알아보도록 하자.

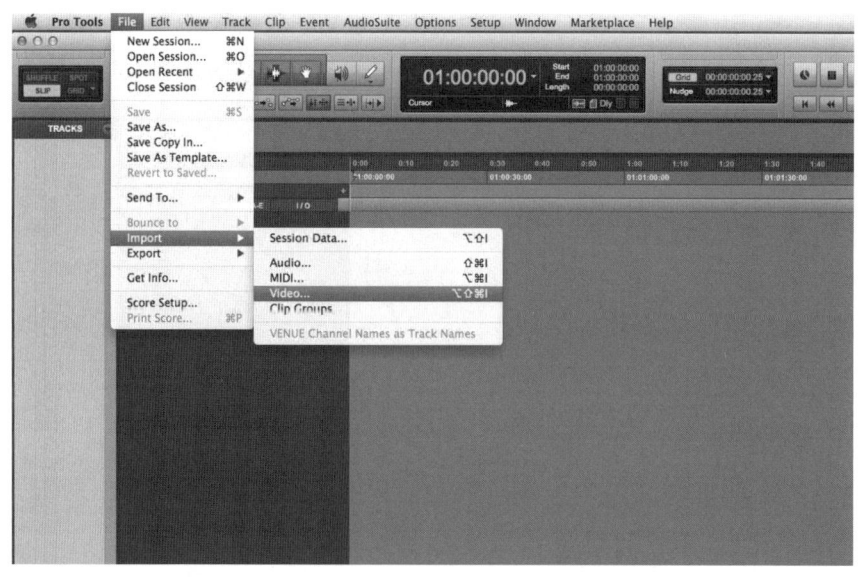

우선, 프로툴스 편집창(Edit Windows)에 작업해야 할 파일들을 모두 불러온다. 순서대로 나열해보면 영상파일을 먼저 인식시켜야 하는데 대부분 방송영상파일에는 비디오와 S.O.V.(현장음)가 삽입된 오디오파일이 함께 포함되어 있다. 영상파일을 Import하는 과정에서 이 오디오파일을 함께 Import할 것인지에 대한 체크항목이 나타나며 이 항목을 체크해주면 영상파일과 함께 동기화(Sync)되어 오디오파일이 생성된다.

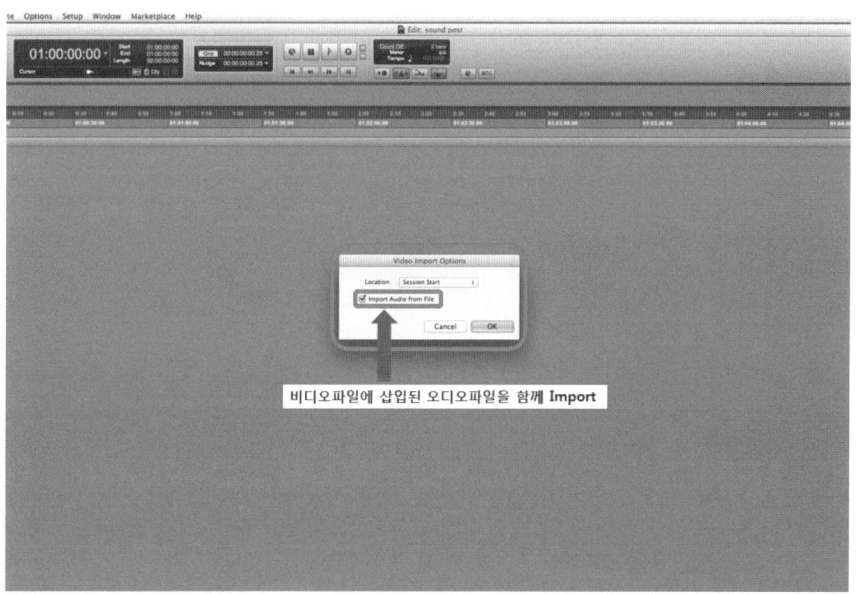

이렇게 영상과 오디오파일이 생성되는 과정처럼 그 외에 필요한 오디오파일을 순차적으로 불러오며 내가 작업하기에 편리한 환경으로 트랙정리를 해놓는 작업이 우선 이루어져야 한다. 이는 작업자마다 자신의 개성이나 스타일이 다른 만큼 뚜렷하고 명확한 정답은 없는 것이고, 자기만의 작업방식에 맞게 배치하는 과정이기 때문에 시간이 지날수록 각자의 고유한 작업세팅 스타일이 갖춰질 것이다.

믹싱과정을 위한 트랙정리가 완료되면 가장 우선적으로 실행해야 할 작업 중의 하나가 레퍼런스 사운드의 레벨조정이다.

앞서 언급했듯이 방송의 최종 모니터는 안방에서 시청하는 TV의 스피커이다. TV의 스피커의 음질은 전문 음향기기와 같은 개념의 범주로 놓지않기 때문에 상대적으로 소리의 주파수 영역대가 좁은 편이다. 즉, 사운드 전문 녹음실에서 좋은 스피커로 방송 프로그램을 모니터링 했을 때 우리의 귀로 감지할 수 있는 주파수 영역대와 TV에서 모니터링 했을때의 주파수 영역대에 다소간 차이를 나타내고 있다는 것이다. 그만큼 좁은 주파수 영역대와 다이내믹 레인지를 갖추고 있는 TV 스피커 시스템이 방송의 최종 모니터이기 때문에 음반이나 콘서트 등의 무대음향과 같은 전문적인 사운드에 비해 덜 민감한 편이다. 물론, 사운드를 다루는 전문가 입장에서 보면 소리의 디테일한 측면에서 조금은 자유로울수 있다는 장점이 있겠지만, 반면에 들려야 할 소리가 최종 모니터에서 안 들릴 수도 있는 치명적인 단점 또한 동반되어 나타나고 있다. 그래서 방송음향 전문가들의 가장 궁극적인 사운드제작 방향성은 좁은 다이내믹 레인지 안에서 방송에 나오는 모든 오디오 소스가 고르게 잘 들릴 수 있도록 컨트롤하는 측면에 초점을 맞추고 있다. 따라서 레퍼런스 사운드의 레벨조정이 믹싱단계에서 매우 중요한 역할을 수행하고 있는 것이다.

앞에서 언급했듯이 우리는 방송 프로그램에서 오디오의 중요도를 분석한 순서도를 이미 알고 있을 것이다. 그 중에 가장 중요시 여기는 현장 진행멘트와 나레이션이 대부분의 방송 프로그램에서 레퍼런스라고 보면 된다.

우선, 현장 진행멘트와 나레이션의 음질을 파악한 후, 시청자가 듣기에 편한 사운드로 가공하는 과정이 필요한데 이 과정에서 컴프레서(Compressor)와 이퀄라이저(EQ: Equalizer)라는 오디오 플러그인을 사용하여 가공작업을 하게 된다.

 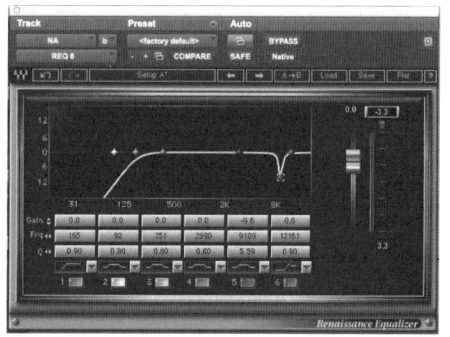

컴프레서(Compressor)는 다이내믹 계열의 플러그인 이펙터로써 소리의 피크(Peak)를 제어하고 다이내믹 레인지를 좁혀서 일정한 음압을 유지하는데 목적을 두고 있는 장치이다. 또한 음색변화에 관여하면서 사운드의 퀄리티를 향상시켜주는 매우 중요한 기능을 가지고 있다. 컴프레서는 방송사운드뿐만 아니라 특히 음반과 콘서트 등의 무대음향에 가장 필수적으로 사용되는 장비로써 외장 하드웨어와 소프트웨어식의 플러그인 형태로 구분되어진다. 이 컴프레서를 이용해서 레퍼런스 사운드의 레벨을 일정하게 제어해주게 되는데, 컴프레서의 기능 중에서 특히 Gain, Threshold, Ratio 이렇게 3

가지의 기능을 주로 많이 컨트롤하게 된다. Gain은 음압의 출력레벨을 제어하기 위해 조절하는 기능이며, Threshold는 음압이 일정레벨이상 올라가게 되면 컴프레서가 작동되는 시점을 설정하는 기능이고, Ratio는 음압의 입력과 출력의 비율을 조절하는 기능을 말한다.

필자의 경우에는 레퍼런스 사운드에 필수적으로 컴프레시를 걸고 1차적인 음입레벨을 조절한다. 또한 레퍼런스 사운드는 방송에서 가장 중요한 사운드이기 때문에 컴프레서를 이용해서 소리를 다른 오디오 소스에 비해 좀 더 선명하고 또렷하게 만들어 준다.

컴프레서의 기능 중에서 Ratio는 보통 음악녹음에서 보컬(Vocal)의 경우에 3:1 내지는 4:1 비율로 걸어주는 것이 기본적인 경향이고, 외장 아웃보드와 내장 플러그인에 따라서 Ratio비율이 조금 다르게 적용되는 경우도 많이 있다. 그러나, 방송의 경우에는 음색의 변화도 중요하지만 일정한 음압레벨의 유지가 더욱 중요하기 때문에 오히려 과도한 Ratio의 비율로 걸어줄 때가 많다. 때에 따라서 전체적인 소리의 음압차이가 상당히 심한 경우에는 리미트(Limit)기능으로 걸어 버리는 경우도 종종 있다.

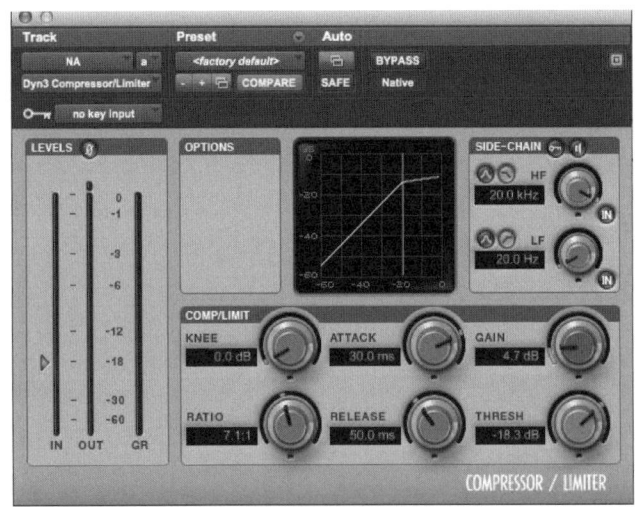

이퀄라이저(EQ: Equalizer)는 음색의 변화를 조절할 때 사용하는 이펙터이다. 음악에서는 각 악기의 고유한 음역대를 좀 더 선명하고 두드러지게 음색변화를 주기 위해

서 EQ를 많이 사용한다. 물론, 방송에서도 EQ의 사용빈도는 매우 높다. 진행자와 출연자의 목소리를 좀 더 선명하고 또렷하게 가공해주기 위해 일정 부분 EQ의 힘이 필요하지만, 필자의 경우에 EQ는 S.O.V.(현장음)에서 발생되는 불필요한 소리나 잡음(Noise)을 제거하거나 일정량을 상쇄시키기 위한 목적으로 주로 사용을 많이 한다. 또한 진행자의 멘트나 나레이션의 경우 30~40Hz 정도의 저음역대에 발생하는 불필요한 공진음을 제거하기 위해 EQ를 이용하여 소리를 깎아주기도 한다. 고음역대에도 마찬가지로 방송 사운드에 불필요한 잡음(Noise)를 제거하기 위해서 일정부분을 상쇄시켜 주기도 한다.

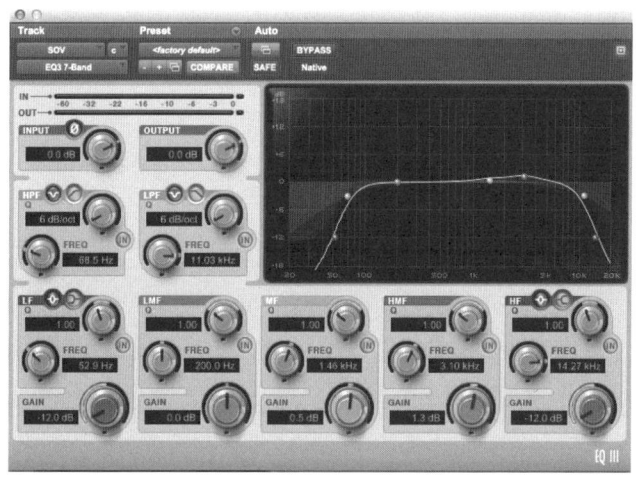

보통, 방송현장에서 녹음해온 오디오를 체크해보면 상당수 음압 레벨이 일정하지 못하는 경우가 많이 있다. 외부현장에 동시녹음기사가 동반한 오디오는 대체적으로 일정레벨을 유지해오기 때문에 사운드 포스트 작업에서 상대적으로 수월한 편이지만, 그렇지 못한 경우에는 대부분 음압이 고르지 못한 상태로 포스트에 넘어오기 때문에 레퍼런스 사운드를 컨트롤하는 데에 비교적 많은 물리적인 작업시간이 소요된다. 이러한 상황이 되는 원인에는 여러 가지가 있을 수 있겠지만, 필자의 경험을 바탕으로 분석해보면 음향전문가를 제외한 대부분의 방송스텝들 중 상당수가 소리에 대한 중요성을 인식하지 못하고 있는 실정이라는 원인을 가장 두드러지게 파악할 수 있다. 프로덕션

(Production) 단계에서 현지 촬영을 하고 영상 편집을 하는 제작스텝들의 대다수는 주로 영상의 퀄리티에 초점을 맞춰 제작진행을 하면서 사운드는 거의 신경을 쓰지 않는 경우가 대부분이다. 이렇게 작업된 영상을 녹음실에 가지고 오면 사운드는 '다 알아서 잘해주겠지' 라는 생각으로 녹음실 감독에게 맡기는 사례가 아마도 거의 대부분이 아닐까 한다. 최소한 방송에 적합한 오디오 레벨정도는 제작진들이 숙지하고 촬영에 임해야 하는 것이 보다 좋은 퀄리티의 방송을 만들어냄에 중요한 역할을 하고 있다는 걸 알아야 할 것이다.

오토메이션(Automation)의 예

레퍼런스 사운드를 프로툴스의 기능에서 오토메이션(Automation)을 이용해서 최종적인 오디오 레벨을 컨트롤하게 된다. 방송사운드 포스트 작업에서 가장 핵심적인 기능으로 오토메이션(Automation)을 언급할 수 있다. 오토메이션은 타임라인에 있는 각 트랙의 오디오파일의 볼륨조절을 세밀하게 컨트롤하는 기능으로 방송사운드 포스트에서는 믹싱과정에서 필수적으로 수행해야 할 작업과정이다.

오토메이션은 레퍼런스 사운드만 하는 것이 아니라 모든 트랙에 있는 사운드를 모두 해줘야 하기 때문에 작업시간이 기본적으로 실시간으로 소요된다. 즉, 실시간이라는 전제는 한 번에 모든 트랙을 컨트롤했을 경우에 가능한 얘기이며, 편성시간이 촉박한 방송 프로그램의 경우에는 이렇게 실시간으로 오토메이션을 하기도 한다. 그러나, 좀 더 사운드의 정교함을 표현하기 위해서는 2~3회에 나누어서 오토메이션을 진행하는 경우가 보편적인 오토메이션 과정이라고 보면 되겠다.

오토메이션을 시작하기 위해서는 몇 가지 설정을 해줘야 한다. 우선, 윈도우의 스크롤이 작업선상에 맞춰 따라갈 수 있도록 프로툴스 상단메뉴의 [Option]에서 [Edit Windows Scrolling]이라는 메뉴에서 'Continous'으로 활성화하면 스크롤은 타임라인의 항상 정중앙에 위치하며 진행(Play) 상황에서 타임라인이 타임코드(TC: Timecode)에 의해 실시간 움직이게 된다. 이러한 세팅은 오토메이션 작업에 주로 사용되는 일반적인 방식이다.

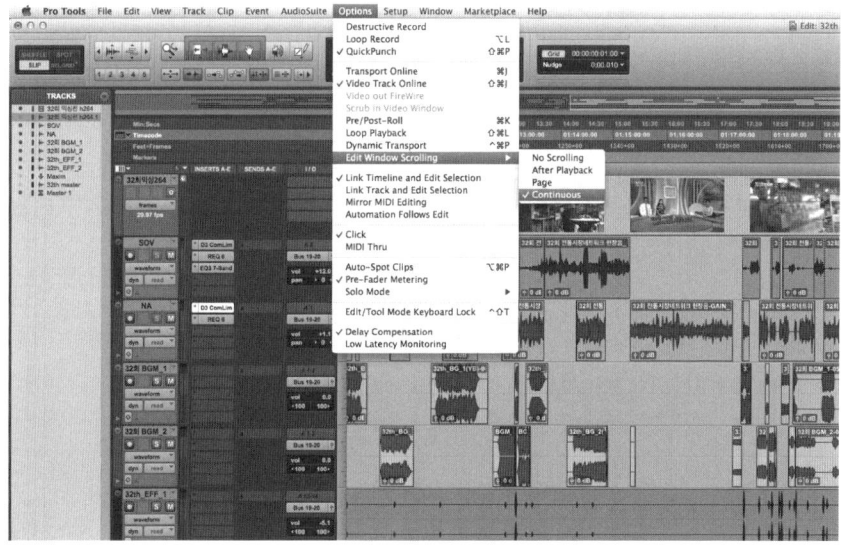

이제부터 본격적인 오토메이션 작업에 들어갈 수 있도록 오토메이션을 진행하려는 트랙의 [Automation Mode Selector] 메뉴에서 Touch 또는 Latch 기능으로 변환하면 해당 트랙오토메이션 기능이 활성화된다.

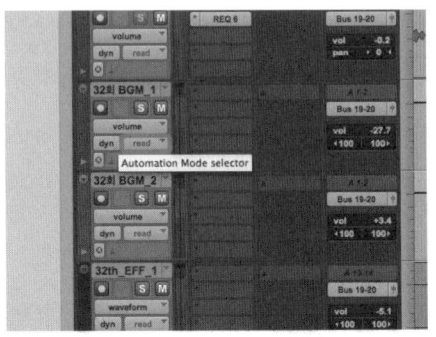

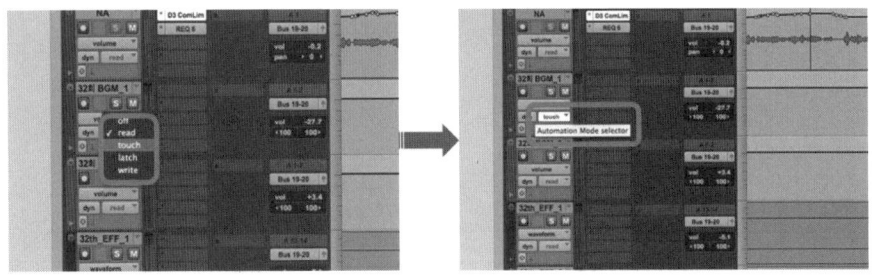

보통, 프로툴스는 외장 컨트롤 서페이스와 연동되어 컨트롤러의 페이더로 오토메이션 기능을 활용하는데, 컨트롤러가 없는 경우에는 해당 트랙의 [Output Window Button]을 활성화하게 되면 한 개의 해당 트랙을 컨트롤하는 페이더가 활성화되어 마우스로 간단하게 오토메이션 기능을 활용할 수도 있다.

오토메이션 기능에서 Auto Touch(이하 Touch)와 Auto Latch(이하 Latch)의 차이점을 알아보도록 하자. Touch는 컨트롤러의 페이더로 볼륨조절을 하다가 컨트롤러에 손을 떼면 볼륨값은 초기 설정값으로 다시 복귀하도록 지정되어 있다. 반면에 Latch는 컨트롤러의 페이더로 조절을 하다가 손을 떼면 오토메이션 볼륨값의 가장 마지막 설정값으로 그대로 유지하도록 지정되어 있다. 이러한 차이점이 있음을 숙지하고 사용자의 성향에 맞게 선택하여 사용하면 될 것이다.

이와 같이 오토메이션 기능을 위한 설정이 완료되면 이제부터 작업자는 타임라인의 트랙을 플레이하며 실시간 오토메이션 작업을 진행하면 된다. 앞서 레퍼런스 사운드에서 컴프레서와 EQ를 통한 일정 음압레벨의 조절이 이루어진 상태에서 오토메이션은 디테일한 사운드의 오디오 레벨을 조절하기 위한 과정을 수행하며 동시에 레퍼런스 사운드와 믹스될 음악과 효과음 등의 여러 사운드를 순차적으로 작업해 나가면 믹싱과정이 최종적으로 마무리되는 것이다.

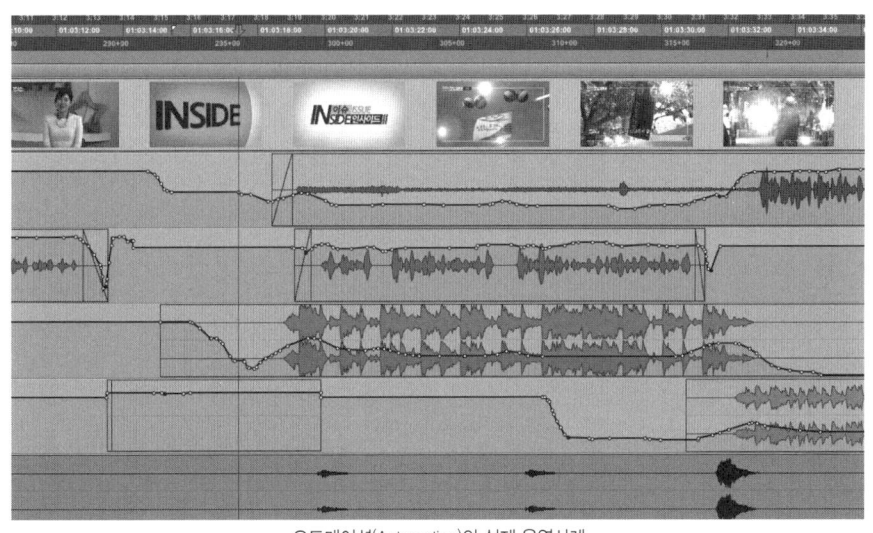

오토메이션(Automation)의 실제 운영사례

방송사운드 포스트 믹싱과정에서는 상황에 따라 돌발적인 변수들이 항상 존재한다. 예를 들어 특정한 효과음을 부각시키고 싶은 연출이 필요하여 좀 더 풍성한 사운드를 표현하고 싶다면 리버브(Reverb) 내지는 딜레이(Delay)를 걸어주어 소리의 잔향을 이용한 풍부한 효과를 줄 수도 있을 것이고, S.O.V. 현장음의 잡음(Noise)이 너무 심한 경우 EQ를 통해서도 제거가 되지 않을 때 노이즈 리덕션(Noise Reduction)을 이용하여 노이즈 감쇄를 연출할 수도 있듯이 여러 가지 상황에 따른 사운드 연출에 대한 음향전문가의 프로툴스를 이용한 대처능력이 매우 필요할 것이다.

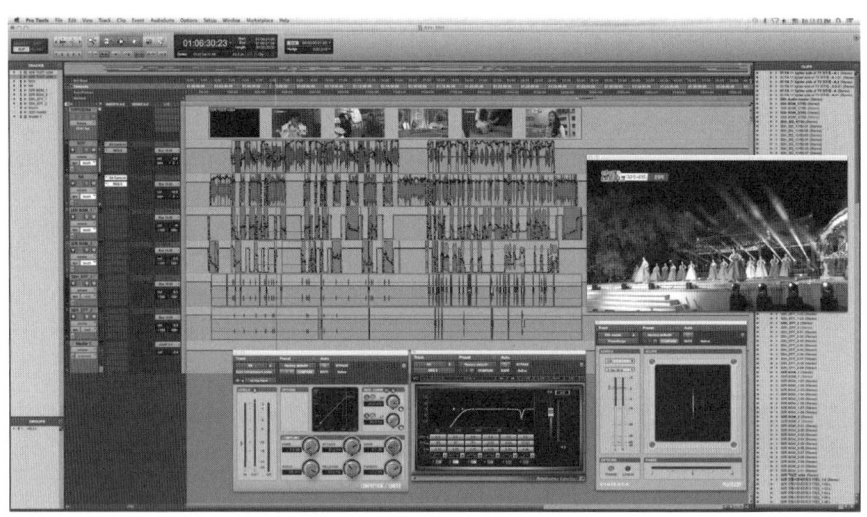

오토메이션(Automation)의 완료

방송사운드 포스트작업의 믹싱과정을 앞에서 설명한 대로 진행하는 전형적인 방식 이외에 과거에는 VCR데크와 타임코드(TC)를 동기화(Sync)시켜 프로툴스와 VCR데크의 연동구조 세팅에 의한 실시간 믹싱방식도 있었고, 현재에도 아직까지 많은 녹음실에서 이 방식을 고수하며 제작하기도 한다. VCR데크와의 연동구조는 데크(Master)의

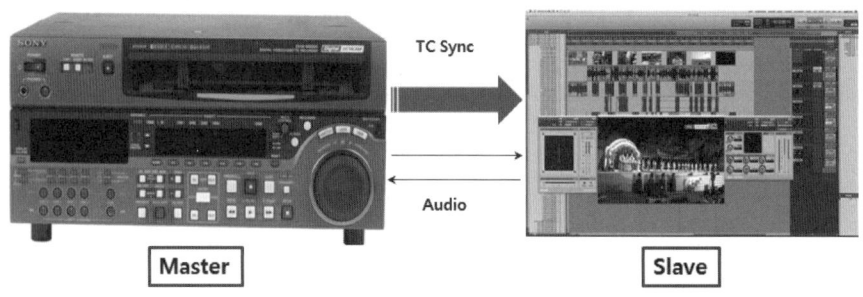

타임코드(TC) 동기화 방식

타임코드를 프로툴스(Slave)에 보내어 VCR데크의 타임코드를 프로툴스가 인식하여 따라가는 방식이다.

여기서 Slave에 놓인 프로툴스에서 온라인을 활성화하면 VCR데크의 타임코드를 인식하게 된다. 이렇게 동기화시키고 VCR데크의 타임코드를 임의대로 조정해보면 프로툴스의 타임코드는 VCR데크의 타임코드를 따라가는 것을 확인할 수 있다.

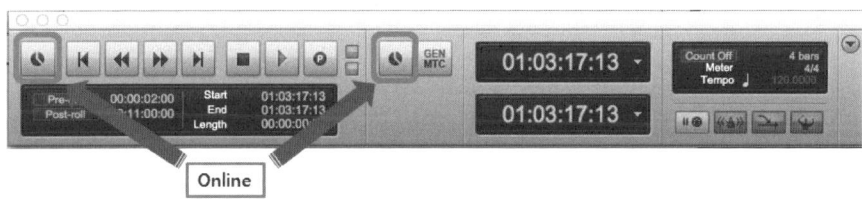

현재 많이 보편화되고 있는 파일 기반의 제작방식이 구축되기 이전 시점에는 모든 방송사운드 포스트작업은 이와 같은 VCR데크와 동기화하여 프로툴스에서 작업된 사운드를 직접 VCR데크를 통해서 방송마스터 테이프(Beta, Digi Beta, HD CAM등)의 영상에 오디오를 넣어주는 형태로 주로 진행되었다.

믹싱과정이 완료되면 전체적인 사운드의 오디오마스터를 추출하기 위해서 마스터링 과정을 거치게 된다. 방송사운드 포스트에서 마스터링이란 음반작업에서처럼 이루

Maximizer를 이용한 마스터링

어지는 섬세하고 디테일한 과정으로 생각하기보다는 믹싱된 전체적인 사운드를 골고루 잘 들릴 수 있도록 전체적인 음압레벨을 조절하는 과정이라고 인식하면 된다.

프로툴스에서 최종적인 오디오마스터를 추출하는 과정에는 두 가지 방식이 있다. 첫 번째로 바운스(Bounce to Disk) 방식이 있는데, 바운스는 상단메뉴의 [File]에서 Bounce to에서 Disk로 활성화하면 실시간으로 사운드를 모니터링하며 오디오마스터를 추출하는 방식이다. 프로툴스는 오디오마스터를 추출하기 위해서는 어떠한 방식으로든 실시간 모니터링을 해야 한다. 이 방식은 타임라인에서 작업된 모든 파일을 하나의 오디오마스터로 추출하는 과정이기 때문에 별도의 세팅이 필요하지 않고 그대로 추출하는 방식이다. 단, 모니터링 상황에서 오디오가 이상하면 바운스를 취소하고 수정을 해야 하는데, 이 과정에서 이전까지 바운스되었던 데이터는 삭제되기 때문에 다시 처음부터 바운스를 실행시켜야 하는 번거로움이 있다.

두 번째 방식은 마스터 트랙(Master Track)을 만들어 기존의 믹싱된 모든 트랙을 I/O에서 세팅하여 마스터 트랙(Master Track)에 보내어 오디오마스터를 추출하는 방식이다. 이 방식은 믹싱 완료된 모든 트랙을 마스터 트랙(Master Track)에 보내고 마스터 트

랙(Master Track)에서 레코딩하는 과정을 거쳐야 한다. 따라서 이 방식 또한 실시간으로 모든 믹싱된 오디오 소스를 모니터링하게 되어 있다. 이 방식에서 모든 트랙을 마스터 트랙(Master Track)으로 보내기 전에 임의의 Aux트랙을 생성하여 이 Aux트랙으로 먼저 보낸 후, Aux트랙에서 Maximizer를 활성화하여 최종 마스터링 과정을 거친 후 마스터 트랙(Master Track)으로 보내어 레코딩하게 되면 음압레벨이 좀 더 풍성해진 오디오마스터를 추출하게 된다. 이 방식은 레코딩 중간에 오디오 수정이 있을 경우에는 레코딩을 중지하고 수정 후에 기존의 레코딩이 끝난 시점부터 연결해서 다시 레코딩할 수 있기 때문에 바운스에 비해서 상대적으로 효율적인 운영을 할 수 있다는 장점이 있다. 또한 레코딩을 하는 과정에서 오디오마스터 파일의 웨이브 파형을 실시간 파악할 수 있기 때문에 부분적인 요소에서 클리핑 현상이 발생되는지에 대한 여부를 확인할 수 있다.

대부분의 녹음실에서는 바운스 방식보다는 마스터 트랙(Master Track) 레코딩 방식을 많이 사용하고 있다는 점을 보면 그만큼 효율적인 측면에서 좀 더 긍정적인 요소를 많이 가지고 있다고 해석된다.

최종적인 오디오마스터가 추출되면 방송사운드 포스트 작업은 마무리되는 것이다. 최종 오디오마스터는 하나의 wav파일 형태로 추출하게 되는데 마스터 트랙(Master

마스터 트랙(Master Track)을 이용한 마스터링

16. 프로툴스(Protools)

Track)의 레코딩이 종료되면 레코딩된 파일의 이름을 수정하고 프로툴스 우측에 위치한 [CLIPS]창에서 [Export Clips as Files]를 활성화하여 파일의 형식 및 경로지정을 수정하고 Export하면 최종 오디오마스터 wav파일이 생성된다. 이렇게 추출된 wav형식의 오디오마스터를 제작진에게 전달하면 방송사운드 포스트과정의 최종 완료가 된다.

지금까지 방송사운드에 대한 전반적인 이야기를 나눠보며 하나의 방송을 제작하기까지 많은 철학적 의도와 인간 본연의 심리적인 묘사 등 다양한 각도에서 분석 및 해석을 풀어나가며 방송을 조금이나마 이해할 수 있는 시간을 가져보았다. 그리고, 방송사운드 포스트과정에 있어 베가스를 이용한 오디오작업과 프로툴스를 이용한 믹싱 및 마스터링 과정에 대해서 알아보았다.

현업에 종사하는 많은 전문가들의 작업스타일은 매우 다양하기 때문에 지금까지 이 공간에서 언급한 이야기들이 완전한 정답은 아니라고 말하고 싶다. 단지 필자의 경험적 측면과 학문적 기반을 바탕으로 기술된 사항이며 주변의 많은 음향전문가들이 이러한 과정을 기반으로 방송사운드 포스트를 제작하고 있다는 점에서 표준화된 틀을 제시하고자 하는 필자의 의도를 언급하고 있는 것이다.

방송에서 사운드라는 분야는 사운드 자체로도 많은 지식과 노하우 등이 내포되어 학문적 측면에서 접근했을 때 우리가 죽을 때까지 다 알지도 못하는 방대한 분야임이 분명한데 우리는 그 안에서 방송사운드라는 오디오의 일부를 조금 보았을 뿐이다. 그리고 사운드는 그저 사운드만을 위한 것도 존재하겠으나 사운드 이외의 다른 매체와 혼합했을 때 나타낼 수 있는 또 다른 측면의 시너지 효과를 통해서 감동, 웃음, 슬픔, 공포 등 다양한 인간의 심리를 자극하고 있다는 사실을 알게 되었다. 이렇듯 소리라는 이 친구는 우리의 일상생활에서 밀접한 관계성을 가지고 있으며, 특히 방송이라는 테두리에서 사운드는 영상 못지않은 중요성을 내포하고 있다. 그러나 우리는 TV를 시청하면서 정작 방송에서 흘러나오는 사운드가 어떻게 제작되어지는 지에 대한 관심은 생각보다 많지 않다는 사실에 살고 있다.

방송을 제작하는 이들과 방송을 보는 많은 이들에게 방송 사운드를 제작하는 이 분야가 결코 단순하고 쉽지 않음을 강조하며 많은 사람들이 소리의 소중함을 가슴깊이 인식할 수 있도록 하기 위한 필자의 작은 바램을 모아 지금까지의 긴 여정의 마침을 알린다.

참 / 고 / 문 / 헌

이홍진(2010)	감성 반응에 의한 음악 요소 적용 연구, 〈상명대학교 석사논문〉
심한뫼(2012)	감성기반 음악분류 알고리즘과 리듬액션 게임의 자동 노트생성에 관한 연구, 〈중앙대학교 첨단영상대학원 석사논문〉
한은정(2004)	광고배경음악의 인기도와 음악적 요소의 관계에 관한 연구, 〈중앙대학교 신문방송대학원 석사논문〉
김윤경(2008)	방송 음악의 현황과 개선 방향에 관한 연구, 〈상명대학교 일반대학원 석사논문〉.
홍경수(2013)	[힐링캠프], 사운드적 서사의 등장과 그 함의, 〈한국콘텐츠학회 학술논문〉.
이재진(2013)	영화음악의 새로운 분류와 개념에 관한 연구, 〈고려대학교 언론대학원 석사논문〉.
황대영(2007)	텔레비전 프로그램 제작관련 소요공간의 배치계획에 관한 연구, 〈홍익대학교 산업대학원 석사논문〉
유성진(2014)	멀티 플랫폼 환경 하에서의 방송프로그램 시청방식의 전환의도에 관한 연구, 〈숭실대학교 대학원 석사논문〉
이남표(2006)	미디어 융합 환경의 시장자유주의 비판, 〈성균관대학교 대학원 박사논문〉
이성수(2013)	미디어 플랫폼 사업과 콘텐츠 사업의 관계 및 융합 모델에 관한 연구, 〈동국대학교 언론정보대학원 석사논문〉
이상운 외(2011)	디지털방송 음향레벨 기술 표준화 연구, 〈방송통신위원회 동향/연구보고서〉
김장엽(2001)	TV스튜디오의 음향성능평가에 관한 기초적 연구, 〈경기대학교 대학원 석사논문〉
양진면(2010)	TV스포츠 중계방송 제작 방향에 관한 연구, 〈상명대학교 문화예술대학원 석사논문〉
김주창(2014)	네트워크 기반 TV프로그램 제작 시스템의 구축 및 평가 방안에 관한 연구, 〈서울과학기술대학교 산업대학원 석사논문〉
이재준(2010)	디지털 방송 시대의 케이블 TV 사업자 시장 경쟁력 향상 전략, 〈공주대학교 대학원 석사논문〉
석정우(2011)	디지털 제작환경에서의 오락 프로그램 연출 방식의 변화, 〈한양대학교 언론정보대학원 석사논문〉
김건용(2010)	방송환경변화에 따른 방송사 제작 인력구조 및 프로그램 스태프구성의 변화 연구, 〈계명대학교 대학원 석사논문〉
박춘앵(2007)	TV 포스트 프로덕션의 사운드 제작 개선에 관한 연구, 〈상명대학교 대학원 석사논문〉
이동환(2013)	영화의 사운드 분석을 위한 사운드디자인 요소 구분에 관한 연구, 〈고려대학교 언론대학원 석사논문〉
이윤경(2007)	포스트 프로덕션 음향 제작에 대한 연구, 〈상명대학교 디지털미디어대학원 석사논문〉
황종선(2012)	음악제작에 있어서의 스토리텔링 기법 적용방법연구, 〈상명대학교 대학원 석사논문〉

임 찬 외(2010)	영상 매체에서 사운드와 연계된 영상 스토리텔링의 기호학적 분석, 〈한국디자인학회 학술논문〉
김정희(2009)	스토리텔링 구성 전략 연구, 〈한국외국어대학교 대학원 석사논문〉
박진석(2011)	텔레비전 프로그램 포맷의 현지화 제작과정에 나타난 특성변화에 관한 연구, 〈국민대학교 대학원 박사논문〉
Stanley R. Alten(1999)	Audio in Media, Thomson Wadsworth
Ashley Shepherd(2003)	PRO TOOLS for video, film, and multimedia, Thomson Course Technology
Colby Leider(2004)	Digital Audio Workstation, McGraw-Hill Professional
Alec Nisbett(2003)	The Sound Studio: Audio Techniques for Radio, Television, Film and Recording, Focal Press.
Richard Davis(1999)	Complete Guide to Film Scoring, Hal Leonard
William Moylan(2006)	Understanding and Crafting the Mix: The Art of Recording, Elsevier.
Tomlinson Holman(2002	Sound for Film and Television, Focal Press
David Miles Huber(2005)	Robert E. Runstein, Modern Recording Techniques, Elsevier
Hilary Wyatt, Tim Amyes(2004)	Audio Post Production for Television and Film, Focal Press
Herbert Zettl(2005)	Television Production Handbook, Thomson Wadsworth
Benson, P.(2008)	Doing business in the global format business. Unpublished document. London
Russell, J. A.(1980)	A Circumplex Model of Affect, Journal of Personality and Social Psychology, 39. the American Psychological association
Thayer, R. E.(1989)	The biopsychology of mood and arousal, Oxford University Press

웹 / 사 / 이 / 트

http://www.naver.com	http://office.kbs.co.kr/techcenter/
http://section.blog..naver.com	http://www.daum.net
http://www.riss.kr/index.do	http://www.filmsound.org/
http://www.audioguy.co.kr	http://www.studerundrevox.de

방송사운드의 이해

1판 1쇄 발행 2016년 3월 31일

지은이　　강세윤
발행인　　김호진
펴낸곳　　도서출판 보는소리
등록번호　제 398-2006-04 호

경기도 구리시 인창동 세신리빙프라자 907호
전화 · 031-512-3329　　팩스 · 031-516-3328

내지/표지 디자인 · FN design 02-475-8820
ISBN 978-89-93282-28-3

값 20,000원

이 책은 저작권법에 의해 보호받는 저작물이므로 무단 전재와 복제를 금합니다.
저자와의 협의에 의해 인지를 생략합니다.

잘못된 책은 바꾸어 드립니다.